Félix Lope de Vega y Carpio

La corona derribada y vara de Moisés

Barcelona **2024**
Linkgua-ediciones.com

Créditos

Título original: La corona derribada y vara de Moisés.

© 2024, Red ediciones S.L.

e-mail: info@linkgua.com

Diseño de cubierta: Michel Mallard.

ISBN tapa dura: 978-84-1126-177-7.
ISBN rústica: 978-84-9816-187-8.
ISBN ebook: 978-84-9897-527-7.

Sumario

Brevísima presentación

La vida

Félix Lope de Vega y Carpio (Madrid, 1562-Madrid, 1635). España.

Nació en una familia modesta, estudió con los jesuitas y no terminó la universidad en Alcalá de Henares, parece que por asuntos amorosos. Tras su ruptura con Elena Osorio (Filis en sus poemas), su gran amor de juventud, Lope escribió libelos contra la familia de ésta. Por ello fue procesado y desterrado en 1588, año en que se casó con Isabel de Urbina (Belisa).

Pasó los dos primeros años en Valencia, y luego en Alba de Tormes, al servicio del duque de Alba. En 1594, tras fallecer su esposa y su hija, fue perdonado y volvió a Madrid. Allí tuvo una relación amorosa con una actriz, Micaela Luján (Camila Lucinda) con la que tuvo mucha descendencia, hecho que no impidió su segundo matrimonio, con Juana Guardo, del que nacieron dos hijos.

Entonces era uno de los autores más populares y aclamados de la Corte. En 1605 entró al servicio del duque de Sessa como secretario, aunque también actuó como intermediario amoroso de éste. La desgracia marcó sus últimos años: Marta de Nevares una de sus últimas amantes quedó ciega en 1625, perdió la razón y murió en 1632. También murió su hijo Lope Félix. La soledad, el sufrimiento, la enfermedad, o los problemas económicos no le impidieron escribir.

Personajes

Arán, padre de Moisés
Jezabel, su madre
María, su hermana
Aarón, su hermano
Séfora, su mujer, hija de Yetro
Jersán, su hijo
Eliezer, su hijo
Rey Faraón
Teremuses, su hija, esposa de Anfiso
Datán, cortesano
Avirón, cortesano
Leví, marido de Roselia
Esclavos hebreos
Abiud, viejo esclavo hebreo
Zabulón, viejo esclavo hebreo
Rey negro de Sabá
Dantiso, pastor
Un Capitán gitano
Un Gitano
Un Ángel
Una Voz Divina
Primer Criado
Segundo Criado
Música

Jornada primera

(Arán, padre de Moisés; Jezabel, su madre; María, doncella, su hermana; israelitas con un niño pequeñito y una cestilla de mimbres.)

María

Callad, hermoso doncel:
no despleguéis la voz muda;
que sois hijo de Israel
y está la espada desnuda
y alzado el brazo cruel.
    Si lloráis. y alguno os siente,
la vida habéis de perder.

Arán

Venga el hermoso inocente
que hoy entregado ha de ser
a un tigre que le alimente.
    En una montaña oscura
a las fieras le pondré;
que no habrá fiera tan dura
que su pecho no le dé
viendo en él tal hermosura.
    Ponelde en esa cestilla.

María

¿A mi hermano aquí, señor?
¡Oír tal me maravilla!

Arán

No es mucho: tienes amor,
que es padre de la mancilla.
    Ponle, piadosa María,
y la vida de tu hermano
de la fortuna la fía.

Jezabel

¡Qué paso es éste inhumano,
regalada prenda mía!

¿A dónde os llevan ansí?
¿Qué habéis merecido vos?
Vivid vos, mátenme a mí.

Arán   Ea, encomendalde a Dios
y de paciencia os vestí.

Jezabel   Poco mis ansias sentís
y poco os mueven mis penas,
pues no os he gozado apenas
tres meses, y ya os partís.
 ¡Qué casa estrecha os ha hecho
vuestro padre, hijo amado!
Mirad que estáis muy estrecho.
Aunque es mi pecho apresado,
volveos a entrar en mi pecho.
 Entraos en él, si el temor
del Rey os hace ausentaros;
que en él estaréis mejor,
pues ningún monte ha de daros
posada con más amor.
 ¡Y qué callando que estáis!
¡Quién os pudiera decir,
hijo mío, a lo que vais!
¡Mirad que vais a morir!
¿Pues cómo no me abrazáis?

María   Mi hermano, a vuestra María,
¿qué la decís al partiros?
Yo iré tras vos algún día,
y ahora van mis suspiros
porque llevéis compañía.
 ¡Que os lleven de esa manera!
¿Por qué Faraón cruel,

que en crueldades persevera,
cualquier hijo de Israel
que nazca manda que muera?

Arán   ¡Ea! No hay más que esperar;
vamos de aquí.

Jezabel   ¿Dónde? ¡Aguarda!

Arán   ¿De qué sirve porfiar,
pues une cuanto más se tarda,
menos seguro ha de estar?
   Llevarle a un monte pensé,
pero ya mudo de estilo.

Jezabel   ¿Cómo ansí?

Arán   Le entregaré
a las corrientes del Nilo.

María   ¡Al Nilo, padre! ¿Por qué?
   ¿Queréis que se ahogue allí?
¡Inhumanidad sería!

Arán   Esto se ha de hacer ansí.

María   ¡No, padre!

Arán   Callad, María,
dejadme hacer a mí.
   Esta cestilla breada
no le dejará anegar.

Jezabel   ¡Agua del Nilo sagrada,

11

vos podéis resucitar
una vida ya acabada!

Mi esposo fía de vos
mi mas regalada prenda;
halle buen amigo en vos;
vuestro raudal no le ofenda,
pues que le defiende Dios.

Arán

Ya la noche va cerrando;
quiero llevarle; perdona,
hijo, que no procurando
asegurar tu persona,
y si ofendo, ofendo amando.

Si del Rey cruel te fío,
hará en ti un hecho que asombre;
pues mejor es, hijo mío,
cuando es sin piedad un hombre.
probar si la tiene el río.

En esta traza se acierta,
y, aunque es algo peligrosa,
por ser esperanza incierta,
vale más vida dudosa,
mal por mal, que muerte cierta.

Río abajo tengo de ir
cuanto una legua de trecho,
y cuando quiera salir
el Sol del rubio antepecho,
volviendo el día a vivir,

le encomendaré esta arquilla.
Tú ten cuidado, María,
estando siempre a la orilla,
a ver si al salir del día
sale alguien a recebilla;

que mucha gitana gente

suelen al amanecer
salir a ver la corriente:
quizá alguien la saldrá a ver,
que rescate un inocente.

   Vos, arca que fabriqué
no de oliva o cedro rubio,
sino de juncos que hallé,
de este segundo diluvio
libra al segundo Noé.

(Vase Arán, llevando el niño en la cestilla.)

María	¡Que me llevan a mi hermano!
	¿Cómo lo podré sufrir?
Jezabel	¡Oh, Rey de Egipto tirano!
	El cielo te haga morir
	por esta inocente mano.
	Plega a Dios que él mismo sea
	quien castigue tus delitos,
	y la ofendida Judea,
	que pide venganza a gritos,
	por él vengada se vea.
	Causa son tus leyes fieras
	de mi penoso cuidado;
	¡plega a Dios que cuando quieras
	hacer que muera ahogado,
	que ahogado tú por él mueras!
	Ya me parece, María,
	que es hora de que a la orilla
	salgas, que se viene el día;
	ten cuenta con una arquilla
	adonde va mi alegría.

María	Sentada estaré en la arena.
	mi cofrecillo esperando.
Jezabel	Ver un hijo me da pena.
	no en tierra ajena penando,
	hijo, sino en agua ajena.

(Vanse. Tocan, cantan esta letrilla con pandero y sonaja:)

Frescas aguas alegres
del fértil Nilo,
hoy gozáis de los ojos
del ángel mío.
Sol dorado y puro
que con claros visos
al salir resplandeces
bañando el río;
polvorosas arenas,
peñascos lisos,
hoy gozáis de los ojos
del ángel mío.

(Salen Anfiso y Teremuses, su esposa, y los dos criados, galanes.)

Anfiso	Bien, por cierto, habéis cantado.
	y encarecido mejor
	la hermosura y el valor
	de un ángel que traigo al lado.
	Que es tanta su gallardía.
	que usurpa el ser y aun alegra.
	de su luz, la noche negra,
	de su rostro, el blanco día.
	Sobre el arena os sentad
	para que las aguas gocen,

pues por su reina os conocen,
de vuestra mucha beldad.
    ¿No os dan gusto las corrientes
del Nilo, famoso y claro?

Teremuses   En nada, esposo, reparo,
son mis gustos diferentes.

Anfiso   Qué, ¿tan diferentes son?

Teremuses   Que nada alegrar me puede
sino es un hijo que herede
el reino de Faraón.

Anfiso   Ea, regalada esposa,
que el cielo nos le dará.

Criado I   ¡Qué melancólica está
mi señora!

Criado II   Y qué enfadosa.
    Sentados están; tratemos
cosas de gusto entretanto.
¿Cómo os va de amor?

Criado I   Espanto
al mundo con mis extremos.

Criado II   ¿Cómo os trata Polidora?

Criado I   Mal, por Dios; es una ingrata.

Criado II   Mil años ha que os maltrata.

Criado I	Está hecha una tigre ahora.
Criado II	¿De celos?
Criado I	Si me celara Polidora, ¿qué más bien? Todo mi mal es desdén.
Criado II	El Demonio la esperara. ¿Y qué sentís de eso?
Criado I	Siento mil muertes.
Criado II	¿Tanto lloráis? Mártir de lo que esperáis os ha hecho el sentimiento. Yo diferente camino para mis empresas hallo: si me quieren, quiero y callo: si no, no me determino.
Criado I	¡Quién estuviera vencido como vos lo estáis, Diloro!
Criado II	Yo burlo y río.
Criado I	Yo lloro.
Criado II	Yo me celo.
Criado I	Yo me he ardido.
Criado II	Como sois la misma cera,

así contra vos porfía,
pero en mí no dura un día
la afición m...

Teremuses   Esposo, ¿no veis aquello?

Anfiso   ¿Qué he de ver?

Teremuses   ¡Gran maravilla!
¿No veis aquella cestilla?

Anfiso   ¿Qué será?

Teremuses   Repara en ello.
¿Qué puede llevar allí?

Anfiso   Novedad es peregrina.

Teremuses   El río abajo camina;
¿no entrarán por ella?

Anfiso   Sí.

Criado I   Bernardo, aquello me eleva:
una cestilla breada
lleva el agua acelerada.
¿no sabremos lo que lleva?

Anfiso   ¿Quién entra por ella?

Criado I   Yo.

Anfiso   Y si vos no, yo entraré.

Teremuses	Mucho lo agradeceré.
Anfiso	Yo quiero entrar.
Criado I	Eso no;
	furiosa corriente, espera;
	que algún tesoro estimado
	debes de llevar hurtado,
	pues huyes de esa manera.

(Éntrase el Criado I.)

Criado II	Ya Bernardo se arrojó
	al agua, y ya casi llega.
Anfiso	Ya la cogió, ya navega.
Teremuses	Sumo contento me dio.

(Sale María, hermana de Moisés.)

María	¡Oh, gran ventura! En el río
	entran ya por la cestilla;
	que han de salvarte confío.
Teremuses	Llégate hacia aquí, esclavilla.
María	Dios te guarde, hermano mío.
Criado II	Mira, que llama la Infanta.
María	Guardeos Dios, bella señora.

(De rodillas.)

Teremuses	Doncella hermosa, levanta.
	¿Qué estabas mirando ahora,
	di, con eficacia tanta?
	¿Es tuyo acaso un cestillo
	que la corriente llevaba?

María	No a fe; burlas en decillo.

Teremuses	De ver cómo navegaba,
	señora, me maravillo.
	Algo debe de ir con él,
	que va breado y cubierto.

(Sale el Criado I con la cestilla mojada. Dentro el niño.)

Criado I	Bien pensó el agua, doncel,
	daros a la orilla muerto;
	que como es hembra es cruel.
	Pero no ha de ser ansí,
	si no fue la voz postrera
	un flaco grito que oí.

Teremuses	Un gran premio de mí espera.

Criado I	¿Qué más que servirte a ti?
	Manda abrir ese secreto.

María	¡Oh, no pensada aventura!

Criado I	Que estoy contento. Os prometo
	que es, sin duda una criatura.

Teremuses	¿Llora?

Criado I	Lloraba, en efeto.
María	¿Cómo criatura? Callad. ¿Quién había de usar con ella tan inhumana crueldad?
Teremuses	¿Traéis estuche, doncella? Abrí, un cuchillo me dad.
María	Yo abriré el cestillo.
Teremuses	No por mi mano le he de abrir.
María	¡Ay, señora, que lloró!
Teremuses	Ya de hoy más podrá reír, pues a mi poder llegó.
María	Ya está la cestilla abierta.
Criado I	¿Quién vio tan gran maravilla?
María	Que, es criatura es cosa cierta. Bien lo habéis hecho, cestilla, pues no la trajistes muerta.
Teremuses	¡Qué milagrosa hermosura! ¡Qué ojos y qué cabellos!
Criado I	Vos tendréis buena ventura.
Teremuses	No lloréis más, ojos bellos;

que estáis en parte segura
  salid del lugar estrecho
que alguna cruel os dio,
y reclinaos en mi pecho
hasta que os mande hacer yo
de grana de Tiro un lecho.
  ¡Estoy loca de alegría!

Anfiso   Y yo, por ver que lo estáis,
                lo estoy mucho, esposa mía.

Teremuses   Mi ángel, ¿qué me miráis?
                ¿Qué me decís, luz del día?

María   Muchacha debe de ser;
                que siempre naturaleza
                de industria suele poner,
                como es dote la belleza,
                más belleza en la mujer.
                  Da licencia que lo vea:
                ¡ay, señora, que es varón!

Teremuses   Muy en buen hora lo sea;
                que mi padre Faraón
                un bello nieto granjea.

Criado II   Muy bien te podemos dar
                el parabién del hallazgo.

Teremuses   ¿Qué mayor bien que hallar
                sucesor de un mayorazgo
                que se había de enajenar?

María   ¿Luego prohíjasle ya?

Teremuses	Desde ahora le prohijo si Anfiso licencia da.
Anfiso	Llámenle todos mi hijo.
Criado I	Suertes son que el cielo da. Veis aquí un niño que ha un hora que se vio casi anegado, y se ve rey casi ahora.
Criado II	Venturoso salto ha dado.
Criado I	Ya es hijo de mi señora.
María	¿No querías darle a criar? Porque podré darte un ama que le sabrá regalar.
Teremuses	Si es virtuosa, la llama.
María	Mucho.
Teremuses	Pues vela a llamar.
María	¡Oh, venturosa ocasión, a mi misma madre trayo!

(Vase María. Entran el rey Faraón, Datán, Avirón, israelitas.)

Teremuses	¿Vistes mayor perfección? Por el agua vino un rayo que me enciende el corazón.

Faraón	Por esa plaza deseo
	ver volar ese neblí.

Faraón   Por esa plaza deseo
ver volar ese neblí.

Anfiso   ¿No es el Rey éste que veo?

Teremuses   ¡Oh, cielos, mi padre aquí!
¿Quién le ha dicho mi trofeo?

Faraón   Hija, mucho has madrugado.

Teremuses   ¿Dónde vais, señor?

Faraón   A caza;
que estoy algo disgustado:
¿y tú? ¿A ver el Nilo?

Teremuses   Es traza
con que alivio mi cuidado;
porque hoy en el agua hallé
todo cuanto deseaba.

Faraón   Bien; ¿hallaste en agua qué?

Teremuses   Hallé un hijo.

Faraón   ¿Dónde estaba?

Teremuses   De las aguas le saqué.

Faraón   Cuéntame tal maravilla.

Teremuses   Ves aquí el hijo, y venía
en esta frágil cestilla.

Faraón	Tu hallazgo me da alegría.
Datán	Y a todos nos maravilla.
Teremuses	Como vi tal hermosura.
	nombre de hijo le di;
	tú lo confirma.
Datán	¡Oh ventura!
	Lleno de envidia nací,
	pues la tengo a una criatura.
Avirón	Ya tenemos sucesor
	del reino, si hijo faltare
	a Faraón, mi señor.
Faraón	Quien tu hijo le llamare
	merecerá mi favor.
Datán	¿No es éste gran desvarío?
Avirón	No hay cosa que menos cuadre
	a un noble y honrado brío,
	porque, ¿quién puede ser padre
	de un rapaz que trajo el río?
Faraón	Manda que se dé a criar,
	que yo por esa ribera
	me entretengo en arbolar
	una barquilla ligera
	que aligere mi pesar.
	Adiós, hija; y vos, Anfiso,
	quedaos adiós, y gozad
	lo que el Nilo daros quiso.

Anfiso
El cielo a tu majestad
guarde.

(Vanse el Rey, Datán y Avirón. Salen María y Jezabel.)

Jezabel
¡Qué raro tu aviso!
Que de esa manera puedo
gozarle, si yo le crío,
sin alteración ni miedo.
¡Oh Nilo piadoso mío,
en obligación te quedo!

María
¡Callad, madre, que os escucha
la amorosa y noble Infanta!

Jezabel
Mi gusto en el alma lucha.

María
Aunque es vuestra dicha tanta,
le...
Sabeldo disimular
si no le queréis perder.

Criado I
Mas ¡si no sabe llorar!

Teremuses
¿Dar pena había de saber
quien tal gusto sabe dar?

María
Ya te traigo el ama aquí.

Jezabel
A ver lo que mandas vengo,
por ser llamada de ti.

Teremuses
Quiéroos dar un bien que tengo.

¿queréis vos mis bienes?

Jezabel Sí;
y estimarélos en tanto
como tú estimarlos puedes.

Teremuses Merécenlo; no me espanto;
pero yo os haré mercedes.

Anfiso ¡Lo que le quiere es encanto!

(Vase Anfiso.)

Teremuses Mirad a vuestro criado,
que es hermosísimo a fe;
y más que hermoso, amado;
si es hermoso o no, no sé.

Jezabel ¡Más bien es afortunado!

Teremuses ¿De hermosura no conoces?

Jezabel Tiene alguna.

Teremuses ¿Como alguna?
El cielo está dando voces
que es este infante la Luna.

Jezabel ¡Pues muchos años le goces!

Teremuses ¿Has tenido tú algún día
hijo que llegase aquí?

Jezabel Uno murió que tenía.

Teremuses	¿Más hermoso?
Jezabel	Tanto, sí.
Teremuses	Tu afición te lo decía.
Jezabel	¡Fue mucha su perfección!
Teremuses	¿Qué tuvo?
Jezabel	Unos ojos bellos.
Teremuses	Y esos míos, ¿no lo son?
Jezabel	Mucho parecen a ellos.
Teremuses	Eso en tu imaginación.

María

  ¿Hay mayor graciosidad?
Mi madre a la Infanta hermana
engaña con la verdad,
y hablan de una misma cosa
y de una misma beldad.

Teremuses

  Ya no te le quiero dar,
que, según le has desdeñado,
no le sabrás regalar.

María

¡Muy buen lance habéis echado!
Madre, no podéis callar.

Jezabel

  Yo le trataré, señora,
como si mi hijo fuera.

María	¡Creedme que ya le adora!
Jezabel	Si es tardar en que le quiera.
	yo le quiero desde ahora.
	¡Hijo de mi corazón,
	yo os quiero como a mi vida!
Teremuses	Ansí ganas mi afición.

(Entra Arán, padre de Moisés, solo.)

Arán	Tras mi esperanza perdida,
	es esta buena ocasión;
	aquí mi cestilla hallo,
	y mi hijo hallo aquí.
María	Muy bien sabrá regalallo
	mi madre.
Teremuses	¿Es tu madre?
María	Sí.
Arán	....
	Mucha ventura sería,
	pues que con seguridad
	le tendré en mi compañía.
	Jezabel, ¡qué ociosidad
	esta vida todo el día!
Jezabel	Mandóme llamar la Infanta
	para darme este criado.

Arán	¿Criado?
María	¿Y eso os espanta?
Arán	¿Y ya le habéis aceptado?
María	¡Que no es la ocupación tanta!
Teremuses	Ya le aceptó.
Arán	Norabuena, pues lo manda Vuestra Alteza; quien tan grande bien me ordena quitárame su belleza hasta parte de su pena. ¿Y qué nombre le habéis dado?
Teremuses	Yo ninguno.
Arán	Justo es darle alguno acomodado.
Teremuses	Pues llamaráse Moisés, que es nombre: en el agua hallado.
Arán	¡Bien, señora, le conviene ese dichoso apellido!
Teremuses	Éste le doy.
Arán	Y ese tiene.
Jezabel	¡Seáis, hijo, bien venido, si en el nombre de Dios viene!

(Vanse todos con música, llevando la madre a Moisés. Sale Leví, cautivo hebreo.)

Leví
        En aquesta ribera
levanto al cielo lastimoso estilo
de aquella edad primera
donde mis quejas me arrebata el Nilo
haciendo mis lamentos
consonancia tristísima a los vientos.
¡Ay, ciudad soberana,
Jerusalén, Jerusalén amable,
y cuán de buena gana,
solo por no me ver tan miserable,
abrazara la muerte
aunque costara no volver a verte!
   Aquí, al cruel gitano
sirvo de hacer adobes, y es mi estilo
henchir el aire vano
de quejas, y de lágrimas el Nilo,
que son causa segunda
por qué dos veces en el año inunda.
   Ya acabé mi tarea;
¡ay, si pudiera descansar ahora,
pero en vano desea
descanso un alma que desdicha llora;
ni es posible que viva
sino llorando voluntad cautiva!
   Mi esposa fue a traerme
de la ciudad algún sustento pobre,
¡ay, si pudiera verme
cual se vio Niso convertido en robre,
porque ansí no sintiera
golpes tan bravos de fortuna fiera!

(Dicen dentro. Roselia, mujer de Leví, sale.)

Roselia   ¡Déjame, cruel gitano!

Gitano   Pues hazme un favor honesto.

Leví   Mi esposa llora, ¿qué es esto?

Roselia   ¿Por qué me ofendes, tirano?

Leví   ¿Quién te ofende, oh vida mía?
Iré a perderla por ti;
que mis celos van en mí:
no quiero más compañía.

(Éntrase Leví. Sale Roselia cantando, mujer de Leví, y un gitano tras ella.)

Gitano   Yo no pretendo forzar
tu voluntad, ni es razón.

Roselia   Este hombre me ha de agraviar.
que una determinación
no da a la razón lugar.
    Bien será fingir con él
porque me deje y se vaya.

Gitano   Si eres la flor de Israel,
permite que una vez haya
flor sin espinas en él.
    Después que te vi te adoro,
y alguna clemencia espero
de esas finas hebras de oro,
ya que no por lo que quiero,

siquiera por lo que lloro.

(Sale Leví sin que le vean.)

Leví   Aunque no es cordura hacer
en la mujer experiencia,
yo la hago en mi mujer
a ver si hay hembra en ausencia
allá en cuanto pueda ser.
    Entre estas ramas metido
veré lo que pasa aquí
sin ser de los dos sentido.

Gitano   ¿Qué, en fin, nada harás por mí?

Roselia   ¿Qué pretendes?

Gitano   Ser querido.

Roselia   ¿Qué me ofreces?

Gitano   Afición.

Roselia   ¿Y esa cierta?

Gitano   Verdadera.

Leví   ¡Oh celosa confesión!

Roselia   ¿Y bastará que te quiera?

Gitano   No quiero más galardón.

Leví   Sin duda aquí he de perder

	gusto, paciencia y honor;
	ten firme, ingrata mujer.
Roselia	¿Que no quieres más que amor?
Gitano	No.
Roselia	Pues no le puede haber.
	Fingir contigo quería
	porque me dejaras ir;
	pero no puedo.
Gitano	Porfía
	fiera en hacerme morir;
	yo te venceré algún día.
Roselia	Y ahora vete.
Gitano	Sí, voy
	por no disgustarte más;
	mira cuán amante soy.
	¿Has de quererme?
Roselia	¡Jamás!
Gitano	Ingrata, pues yo me estoy.

(Sale Leví.)

Leví	No hay para qué, gentilhombre.
Gitano	¡Hombre aquí!
Leví	Y hombre de bien.

Gitano   ¿Quién eres?

Leví   No tengo nombre.

Roselia   Es mi esposo.

Gitano   ¡Eso también!
Perdóname, no te asombre
     ver que en parte sospechosa
con tu esposa me has hallado.

Leví   Seguro estoy de mi esposa.

Gitano   Corrido voy y agraviado;
¡oh tirana más que hermosa!

(Vase el Gitano.)

Leví   ¡Qué bien se está la mujer
en su casa recogida!

Roselia   ¿Hay en mí de qué temer?

Leví   Sí, que la mujer querida
poco o mucho ha de querer.
     ¿Qué traes de la ciudad?

Roselia   Pan negro y hierbas.

Leví   Y basta;
pan negro y hierbas me dad;
que con tener mujer casta
vive un hombre en amistad.

          Y vamos, veréis allí
          vuestros dos hijos, amiga.

Roselia   Que ha mucho que no los vi:
           amor a verlos me obliga;
           sea presto, pues, vení.

(Baile. Éntranse. Tocan. Sale Moisés, pequeño niño.)

Moisés Niño   Poco importa ser niño;
                sí tener bríos de varón perfeto;
                que aunque espada no ciño,
                no quiero que me pierdan el respeto.

(Salen Arán y Jezabel, sus padres.)

Arán   ¿Qué es esto, mi criado?

Jezabel   Moisés querido, ¿quién os ha enojado?

Moisés   Hijo soy de la infanta,
                y nieto soy de Faraón por ella,
                y el vil que me levanta
                que soy espurio y no nacido della,
                como villano miente.

Arán   ¿Pues quién dice otra cosa diferente?

Jezabel   No le descubriremos
                quién es ahora, porque no se engría.

Arán   Dejad: tiempo tendremos;
           que aun hasta ahora aún no ha llegado el día,
           ni llegará tan presto;

solo importa que viva como honesto.

Moisés

En fin, queridos amos:
desciendo de los reyes Faraones.

Arán

Así lo confirmamos.

Moisés

Pues tú, villano, ¿para qué te pones
en puntillas conmigo?
¿Quieres a tu señor por enemigo?

(Entran Faraón, la Infanta, Datán y Avirón.)

Teremuses

Desde mi retraimiento
oigo a mi hijo con algún enfado;
¡oh, mi dulce contento!
¿Qué enojo es éste? ¿Quién os ha injuriado?

Moisés

¡Oh madre, en tu presencia
a mis enojos hago resistencia!

Faraón

Moisés, ¿qué habéis habido?
Decidme, ¿quién se atreve a daros pena?

Arán

Es niño; nada ha sido.

Teremuses

Tomad, mi bien, al cuello esa cadena;
que en lugar de diamante
va por joyel mi corazón amante.

Moisés

¡Querida madre!

Teremuses

¡Hijo!

Moisés	¿Es verdad que lo sois? Desengañadme,
	que aún no sé quién me dijo
	una razón o sinrazón infame.

| Faraón | ¿Qué te dijeron? Dilo. |

Arán	Burlando, que le hallaron en el Nilo;
	y está el rapaz por esto
	que quiere reventar de enojo y rabia.

Teremuses	¿Con mi hijo se ha puesto
	nadie del reino? En eso a mí me agravia.
	No; mi hijo sois, bien mío:
	miente quien dijo que os halló en el río.

Faraón	Moisés, no lloréis tanto;
	que yo haré que os tengan más respeto.
	Y, por el cielo santo,
	que vuestro abuelo soy y vos mi nieto,
	y mi misma persona,
	y en fe de aquesto os pongo mi corona.

(Pónele la corona de laurel y queda muy ufano.)

| Teremuses | Muy bien parecéis con ella. |

| Moisés | Beso tus Reales pies. |

Faraón	¿Estáis contento, Moisés?
	Ya sois coronada estrella.
	¡Hija!

| Teremuses | ¡Señor! |

Faraón   Un aviso
quiero daros, escuchad:
encubridle esta verdad;
mirad bien cómo os lo aviso.

(Hablan al oído.)

Jezabel   Mirad qué loco ha quedado;
sepa quién es, que se pierde.

Moisés   Quien el respeto me pierde
venga a verme coronado.

Arán   Por no verle profanar
la israelita cabeza,
me voy.

Jezabel   A entonarse empieza,
pero yo lo haré amansar.

(Vanse los padres.)

Datán   ¡Que tal el Rey haya hecho!
¡Tanto favor a un mestizo!
Este rapaz, ese chico,
¡oh, yo le tengo en el pecho!

(Estando coronado el niño, y hablando aparte Faraón y la Infanta, canta una voz esta inspiración y atiende a ella Moisés.)

Voz   Ufano niño Moisés,
que con la ajena corona
la majestad representas
que el cielo te ha dado propia.

Esas grandezas desprecia:
rompe las egipcias ropas;
que te han guardado los cielos
solo para que las rompas.
Contra los rayos de Egipto
es la comisión que gozas,
y honrarte con honra tuya
es cosa a tu oficio impropia.
   Esa corona que ciñe
tu cabeza vencedora,
ha de ser, por causa tuya,
deshecha, arruinada y rota.
Deséchala de tus sienes;
que es doble traza alevosa
lo que has de ofender entonces
estimarlo tanto agora.

Moisés   No sé quién me habla al alma,
que me enseña, aunque me asombra;
que soy capitán, me dicen,
contra las gitanas copias.
Si esto es así, Faraones,
guardaos allá vuestras honras;
que ya no quiero en Egipto
reinos, cetros, ni coronas.

(Arroja la corona a los pies del Rey.)

Faraón   Dioses sagrados, ¿qué es esto?

Teremuses   ¡Hijo!, ¿qué has hecho?

Moisés   Señora,
no sufre bien mi cabeza

el peso de tanta honra.

Datán

Pronóstico es este Rey
que ocultos misterios brota;
que de un prodigio no es mucho
nazcan cosas prodigiosas.
Este suceso da gritos,
y dice, porque los oigas,
que ha de deshacer tu imperio
quien arrastra tu corona.

Faraón

Dejadnos solos, Infanta.

Teremuses

De una inocencia te enojas;
pues tú lo mandas, iréme.

Faraón

Es mi gusto, por ahora.

(Vase. Apártanse el Rey, Datán y Avirón a hablar.)

Avirón

Ver tu corona ofender,
¿qué puede representar,
sino que la has de perder?

Datán

Y que te la ha de quitar
quien te la hizo caer.

Faraón

Es, sin duda; mi temor
lo mismo me pronostica.

Datán

Pues muera.

Faraón

Téngole amor;
pero si se verifica,

                    mi desdicha ¿no es peor?

Avirón   Que muera es acuerdo mío
                    sin duda conviene así;
                    de esta manera desvío
                    la envidia que concebí
                    contra este hijo de un río.

Faraón   Sacalde públicamente;
                    porque la ciudad se asombre
                    y en su castigo escarmiente.

Datán   Si éste llegase a ser hombre
                se ha de hacer rey de tu gente.
                    Muera, Rey: esto conviene.

Faraón   Ya no estoy determinado:
                mi consejo le condene.

(Vase el Rey.)

Avirón   ¡Qué fuerza la envidia tiene
                en un malintencionado!
                    Preso vas.

Moisés   ¡Yo, preso yo!
                Si lo manda el Rey, iré.

Avirón   El Rey mismo lo mandó.

Moisés   Pues de su afición, ¿qué fue?

Datán   Fue mal fundada, y cayó.

(Llévanle maltratado a Moisés. Salen Leví y Roselia.)

Leví

Ya que a la madre común
nuestros hijos entregamos
y su soledad lloramos
no bien conocida aún,
vivamos en la ciudad,
donde tengamos testigos
de nuestra necesidad;
que entre deudos y entre amigos
siéntese mal la amistad.

Roselia

Yerras, aunque me perdones,
y no sé qué hombre procura
dejar la vida segura
y buscar las ocasiones.
¿Qué coches o qué caballos
tienes en qué pasear?

Leví

Solo tengo el deseallos.

Roselia

Y este vano desear
te trae sin duda a curallos.
Para hacer ladrillos duros,
en la falda de la sierra
estábamos mas seguros;
que hombres que tratan en tierra
no han menester fuertes muros.

Leví

Aquí tengo de vivir:
algún gitano busquemos
a quien podamos servir.

Roselia

Tu oficio es mandar: callemos.

Leví   Y el tuyo no resistir.

(Suena trompeta y dicen dentro)   ¡Muera el traidor!

                Mas ¿qué alboroto y rumor
                es aquel? Trompeta suena,
                y dicen: ¡Muera el traidor!
                ¡Cómo renováis mi pena,
                vivas memorias de amor!
                   Vamos a saber lo que es.

(Vanse. Tocan trompeta, y sale María.)

María   Infanta, noble señora,
                ¿cómo estas cosas no ves,
                cuando todo el pueblo llora
                la muerte de tu Moisés?
                  Ven, si ya no gustas dello;
                que entre la grita espantosa,
                si dan lugar, podrás vello
                con una soga afrentosa
                atada al hermoso cuello.
                  No me escucha: a su aposento
                voy a advertirla del caso
                más presurosa que el viento.

(Vase. Tocan trompeta. Salen los padres de Moisés, Arán y Jezabel.)

Arán   Paso, Babilonia, paso;
                que es niño, y grande el tormento.
                  Mirad al vuestro criado,
                hijo en sangre y en amor,
                su privanza en qué ha parado.
                ¡Oh Rey, gran castigador,
                quién te verá castigado!

| Jezabel | No lloro el verle morir, |
| | ni siento que el Rey lo mande. |

| Arán | ¿Pues esto podéis sufrir? |

| Jezabel | El sentimiento es tan grande |
| | que no me deja sentir. |

(Sacan al niño Moisés con una soga al cuello, atadas las manos, y un verdugo detrás con una espada desnuda. Datán y Avirón como jueces, y algunos soldados; cantan los músicos.)

Músicos	Sea notorio en Babilonia
	y en todo el gitano imperio,
	cómo este muchacho muere
	por sospechoso en el reino.
	Mándale matar el Rey
	para asegurarse desto;
	que no hay corona segura
	cuando el que priva es soberbio;
	y muere públicamente,
	porque sirva de escarmiento,
	que el despreciar las coronas
	se compra por este precio.

(Sale la infanta Teremuses con una espada desnuda, y María y los dos criados.)

Teremuses	Teneos, fieros verdugos;
	que no ha de morir por eso
	un inocente que adoro
	y un humilde que defiendo.
	Éste es mi hijo: estimalde,

pues como a hijo le quiero;
que no es posible que el Rey
haga este agravio a su nieto.
Vosotros sois, envidiosos,
los que habéis tratado de esto
por quitar a Babilonia
este cristalino espejo.
Y si mi padre lo manda,
no se entiende que está ciego:
amigos, ¡viva Moisés!
¡Viva! que yo lo defiendo.

(Dentro:)   ¡Viva Moisés!

(Y pónese el Rey al corredor.)

Faraón   Tus voces, hija, me mueven,
                             y el amor que yo le tengo.
                             ¡Viva Moisés! Desatalde.

Datán   Muero de envidia.

Avirón   Y yo muero.

Teremuses   Vivas, señor, largos años.

Moisés   Muchas edades tus reinos.

Jezabel   Tu fama infinitos días.

Arán   Tu nombre siglos eternos.

Teremuses   Y porque han visto a mi hijo
                             con voces de pregoneros,

45

quiero que le vean triunfando
si tú no dis... de ello.

Faraón   ¡Triunfe!

(Quítase de la ventana el Rey.)

Teremuses   Venga el palio, amigos,
                          en lo que del blanco cuello
                          la infame soga desato.

Datán   ¡Oh, envidia!

Avirón   ¡Oh, cruel infierno!

Teremuses   Quiéroos, Moisés, abrazar,
                          pues hoy para mí nacéis.

Arán   Deudas tenéis que pagar
                          a la Infanta, que haréis
                          mucho en poderlas contar.

(Traen un palio los criados.)

Criado I   El palio está aquí, señora.

Teremuses   Entrad en él y triunfad;
                          que este honor os falta ahora;
                          ea, esas varas tomad.

Datán   ¡Oh, confianza traidora!,
                             Pero vaya ahora honrado,
                          prive y suba cuanto pueda
                          el rapaz entronizado;

que no ha parado su rueda,
pues mi envidia no ha parado.

(Entran debajo del palio Moisés y la Infanta. Toman las varas los dos criados,
Datán y Avirón. Tocan música. Dan una vuelta al tablado con gran majestad, y
éntranse. Dase fin a la primera jornada. Baile de a cuatro.)

Fin de la primera jornada

Jornada segunda

(Salen Arán y Jezabel, padres de Moisés.)

Arán   ¿Eso ha pasado en esa ausencia breve?

Jezabel   En estos pocos años que has faltado,
grandes mercedes nuestro hijo debe
   al enemigo de Israel airado;
todos le estiman, nadie se le atreve;
que está Moisés tan bien acreditado,
que hace grande caudal de su esperanza
el que tenerlo por amigo alcanza.
   Hase mostrado valeroso y fuerte,
tanto, que el Rey de su valor se fía,
y a las empresas de momento y suerte
por general con su bastón le envía;
rebélase Sabá: la historia advierte,
y con una lucida compañía
partió Moisés para allanar la tierra;
ya seis meses y más que está en la guerra.

Arán   ¿Ha escrito al Rey de sucesos algo?

Jezabel   Escribió que Sabá se le allanaba.

Arán   Mucho gusto que el Rey le estime en algo,
pero no verle en nuestra ley no alaba.

Jezabel   El juicio pierdo y del sentido salgo;
la paciencia y la vida se me acaba,
en no le haber quién es manifestado.

Arán   Sabrálo luego como sea llegado.

(Salen Faraón y la Infanta y el Criado I.)

Faraón	Ansí que mi general deja ya a Sabá rendida.
Criado I	No se vio valor igual.
Faraón	Prospere el ciclo su vida; que es valiente y es leal. ¿Cuándo llegará?
Criado I	Cargado de victoriosos despojos mira ya el Nilo sagrado.
Faraón	Venga en buen hora a mis ojos.
Teremuses	Bien le tengo deseado.
Faraón	Haga fiestas la ciudad y Moisés entre triunfando.
Teremuses	Yo beso a tu majestad las manos.
Faraón	Voyle pagando las obras de su lealtad.
Arán	Advertís, dicen, que llega coronado de victorias.
Faraón	En esa espaciosa vega haga alarde de sus glorias

quien nuevos reinos me entrega.
   Sáquese un carro triunfal
lleno de columnas de oro,
en que venga el general,
recíbanle con decoro
a sus venturas igual.

Criado I	¿Quién le ha de tirar?

Faraón	Cautivos

de la rebelde Sabá.

Arán	No habrán visto tal los vivos.

Faraón

Y la nobleza vendrá
honrándole a los estribos.
   Vengan todas las banderas
que al enemigo ha quitado,
arrastrando las primeras;
haréle en burlas honrado,
pues él a mí me honra en veras.

Arán

   ¡Viva Vuestra Majestad
mil años, para que aumente
a Moisés en calidad!

Teremuses

Hoy llegará vuestro ausente
y mi hijo a la ciudad.
   Lleno de victorias viene:
mirad si estará contenta
madre que tal hijo tiene.

Jezabel	Yo estoylo mucho.

Teremuses	Sustenta.
	mucha honra.

Arán	Ansí conviene.

Teremuses	Y vos, amo de mi hijo,
	¿dónde habéis estado?

Arán	¿Yo?
	En un viaje prolijo.

Jezabel	Dos horas ha que llegó.

Arán	Al tiempo del regocijo.

(Dentro ruidos como que corren caballos, con gran grita, y dicen dentro: ¡Aparta, aparta! sonando ruido de cascabeles, y prosigue Arán:)

Que ya la ciudad comienza
a celebrar la victoria.

Teremuses	Hágase al mundo notoria.

Jezabel	Mil reinos tu hijo venza.

Arán	Mil siglos dure su gloria.

Faraón	Ya debe de haber llegado,
	pues tal alboroto suena.

Teremuses	Téngole tan deseado,
	que no se cómo el arena
	del gran Nilo no he pisado.

Faraón   Vamos a mi corredor,
                    donde veremos pasar
                    en su triunfo al vencedor.

(Vanse el Rey, la Infanta y el Criado I, y quedan Arán y Jezabel.)

Arán   Aquí le quiero esperar;
                    que aquí le hablaré mejor.
                        Ya basta el silencio, basta:
                    sepa Moisés como es
                    de la israelita casta,
                    y gaste en lloros después
                    el tiempo que en fiestas gasta.
                        Muestre aquí cómo es verdad
                    que de fieles padres nace,
                    y con santa libertad,
                    las honras que el Rey le hace
                    trueque por su enemistad.

Jezabel   Ya llega el tiempo, y es cosa
                    muy rara ver la grandeza
                    de la ciudad populosa;
                    el caer de tanta alteza
                    vuelta ha de ser peligrosa.

(Tocan música y entra Moisés muy bien aderezado en un carro, coronado de laurel; algunas banderas arrastrando; delante acompañamiento. Tiran el carro cuatro guineos de Sabá con sus reatas como caballos. Viene en el carro Moisés en una silla alta, y el rey de Sabá, negro, atado con una cadena, y cautivos atados a la misma silla de Moisés. Dan una vuelta estando el rey Faraón y la infanta Teremuses, Datán y Avirón arriba, en el corredor, y abajo, en el tablado, Arán, Jezabel, sus padres de Moisés, y dice Arán:)

Arán   ¡Que tal a mi hijo veo!

De puro contento lloro.
¡Oh pueblo cautivo hebreo,
por aquel gran Dios que adoro
que ya verte libre creo!

Datán

    De envidia deste hebreo
estoy reventando aquí.

Faraón

¿Qué os parece del trofeo
con que entra Moisés, decí?

Avirón

Que lo miro y no lo creo.

Datán

    No tienes en la memoria
la corona derribada,
pues que le das tanta gloria.

Faraón

Si fue culpa, ya es pasada.

Avirón

Ya pasó, mas es notoria.

Jezabel

¡Qué majestad representa
si la empleara mejor!

Faraón

Hoy en mi silla te asienta,
valeroso vencedor
de aquella ciudad exenta.
    ¿Cómo vienes?

Moisés

      Tan honrado
con el favor que me has hecho,
que me doy por bien pagado
de ver herido mi pecho
y mi cuerpo desangrado.

Llegué, su gente vencí;
que como tu majestad,
por ser yo tuyo, iba en mí,
rindióseme la ciudad
y al Rey traigo preso aquí.
    Ya subo a besar tus pies
y a mi madre.

Faraón   No es razón:
triunfad y venid después:
    extiéndase la opinión
del valeroso Moisés.

Teremuses   De victoria tan honrada
más premio es bien que procures.

Avirón   ¡Oh Majestad engañada,
mejor será que asegures
la corona derribada!

(Quítanse del corredor el Rey y la Infanta y los demás.)

Arán   De veros, Moisés, triunfar,
como los dos os criamos,
no cesamos de llorar,
¿conocéisnos?

Moisés   ¡Oh, mis amos,
a fe que os he de abrazar!
    Ya no quiero más trofeo
pues os he hallado aquí.

(Apéase del carro y abraza a sus padres.)

Jezabel	Que es buena mi dicha creo,
	pues la leche que te di
	bien agradecida veo.
Moisés	Tanto veros deseaba,
	que el deseo me vencía
	donde vencedor estaba.
	¿Tenéis salud, madre mía?
Jezabel	No verte me la quitaba.
Moisés	¿Y vos, padre?
Arán	¡Qué buen nombre!
	Mucho mejor te agradezco.
Moisés	¿Pues cómo queréis que os nombre?
Arán	Así, porque lo merezco.
Moisés	No tiene el mundo tal hombre:
	no hay al mío amor igual:
	mandadme en qué os aproveche;
	que donde hay sangre real,
	el que es buen hijo de leche
	es buen hijo natural.
Arán	Toda esa gente despide.
	que tengo mucho que hablar
	contigo, y ella lo impide.
Moisés	Aunque deje de triunfar
	haré lo que se me pide.
	Dejadme solo y llevad

	a palacio el Rey cautivo.
Rey Negro	¡Ah, perdida libertad!

(Vanse todos y quedan Moisés y sus padres.)

Moisés	Mirad qué obediente os vivo viéndome en tal majestad. ¿Que me queréis?
Arán	Deshacer, Moisés, esas torres vanas que ya se van a caer, que vanidades gitanas, cuando son más, son sin ser. No sé si te ha de pesar o si te ha de dar cuidado lo que te quiero avisar, porque estás muy levantado y altera mucho un bajar.
Moisés	¿Qué es lo que decirme quieres? Que bien alterado estoy: no importa aunque más me alteres.
Arán	Ya sabes, Moisés, quién soy.
Moisés	Sí se.
Arán	Pero no quién eres.
Moisés	Quién soy sí sé. ¿No soy hijo de la Infanta, y del Rey nieto?

Arán	Eso tu opinión lo dijo.
Moisés	¿Y no lo soy, en efeto?
Arán	En afligirte me aflijo.
Moisés	Mucha alteración recibo; di quién soy, ¿por qué te atajas?
Arán	Allana el valor altivo, pues de nieto de un Rey bajas a ser hijo de un cautivo.
Moisés	¿Quién es el cautivo?

Arán	Yo;
	por padre natural tienes
	al mismo que te crió;
	que tu fortuna trocó
	hoy en mis males tus bienes.
	    Honra y defiende estas canas
	hoy, Moisés, y no te acuerdes
	de vanidades gitanas;
	que si el ser gitano pierdes,
	el ser israelita ganas.
	    Y el ser hijo de Israel,
	mira que no te está mal,
	pues naciste de mí en él;
	que yo te di ser real
	y él te ha dado sangre fiel.
	    No te dé desconfianza
	verte hoy soberbio y ya llano;
	que en todo estado hay mudanza,
	y cuando el Rey es gitano,

poco dura la privanza.

Honra más calificada
tienes y opinión más rica
por ganar, que la ganada;
que algún gran bien pronostica
la corona derribada.

Parece que estás sin brío;
responde, ingrato, responde;
que todo su poderío
del Rey no te ha puesto a donde
te pone el ser hijo mío.

Más calidad te he yo dado
con la sangre que te doy,
que el Rey con todo su estado;
que ¡vive el Señor! que soy
deudo de Rey más honrado.

Moisés   Padre, si es mi dicha tanta
que, como dices, lo eres,
no el verte, padre, me espanta,
porque el ser que tú me dieres
es el ser que me adelanta.

Como padre te obedezco;
y abrazo a mi honrada madre,
y de placer me enternezco;
que en ser hijo de tal padre
subo donde no merezco.

Lo que lloro y lo que siento
es no ser desengañado
antes, y así me arrepiento
de haber contra Dios fundado
unas torres en el viento.

Fundé mi ignorancia en él,
que cuando arrojé, mozuelo,

del Rey de Egipto el laurel,
me dijo una voz del cielo
que era hijo de Israel.

    Y arrojéle despechado,
pero apenas le arrojé,
cuando luego, apesarado
de aquellas voces, quedé
de todo punto olvidado.

    Ea, Israel maltratada,
que en mí nació tu ventura,
que, aunque hasta ahora olvidada,
tu libertad asegura
la corona derribada.

    Ésta es mi resolución.
y ahora decidme el modo
como vine a Faraón.

Arán	Despacio lo sabrás todo.
Jezabel	Es caso de admiración.
Moisés	Vamos a vernos con él, y vos, madre, nuevamente abrazad a un hijo fiel.
Jezabel	El cielo tu vida aumente para salud de Israel.

(Vanse y sale el gitano enamorado de Roselia.)

Gitano	Diez años ha que muero por mi enemiga amada, y tantos ella, solo porque la quiero, ha dado en ser ingrata como bella;

que no hay cosa más fría
que una mujer si en no querer porfía.
   Con mil ruegos y quejas
la procuro ablandar, pero no puedo;
que cierra las orejas
como serpiente que al encanto ha miedo,
quedándose obstinada;
que quien no quiere bien, no quiere nada.
   Ahora se me ofrece
una buena ocasión, que su marido
desde ayer no parece;
quiero llamar, y serlo yo fingido;
que la noche me ayuda,
y si le espera, me abrirá sin duda.
   ¡Ah de casa!

(A la ventana Roselia.)

Roselia   ¿Quién llama?
               ¡Ay, niño Amor, si mi marido fuese!

Gitano   Es un hombre que os ama,
               Leví soy, ¿no me abrís?

Roselia   Mi bien es ése
               y tanto se tardaba,
               que con mil sobresaltos le esperaba
                ¡Oh dulce noche mía,
               gracias te doy por cuanto bien me has dado!
               Esperad, mi alegría:
               ya bajo a abrir, y si venís cansado,
               descansaréis, bien mío,
               del modo que en el mar descansa el río.

Gitano   ¡Oh, dichoso el amante
                  que estas razones sin engaño oyera
                  ¿Hay gusto semejante?
                  Veis aquí un mármol convertido en cera:
                  ¡qué esquiva es una dama
                  si da en aborrecer ¡qué tierna si ama!
                      A mi engaño agradezco
                  este rato de gusto que he tenido;
                  que aunque por mi merezco
                  algún favor; en fe de su marido,
                  que dije que lo era,
                  escuché de ella la razón primera.

(Entra Leví con un azadón.)

Leví   Largo y prolijo día,
                  muy en buen hora vais dejarme un rato
                  gozar de mi alegría;
                  que si tengo algún gusto, le dilato
                  hasta la noche amada,
                  que arrojo de los hombros el azada.
                      ¿Quién se me ha puesto al paso?
                  ¿Quién puede ser? ¡Ay, Dios! Mi puerta suena,
                  ¡si fuese aquesto acaso
                  algún presagio cierto de mi pena!
                  Mi puerta se me abre ahora.
                  ¡Oh mi mujer falsa, aleve, engañadora!

Gitano   Abriendo está mi alegría,
                  quiero encubrirme al entrar.

(Entra Roselia.)

Roselia   Entrad, esperanza mía.

Leví	¿Qué tengo más que esperar?
	Cierto es ya cuanto temía.
	¿Dónde vas, ladrón perjuro
	de mi gusto y de mi honor?
	Que si por dicha ese muro
	te ha derribado el amor,
	otro hay en mí más seguro.
	¿Quién tal libertad te dio?
	¿Qué leyes te dan franqueza?
	Pero ¿quién no se admiró
	que escales tú fortaleza
	donde soy alcaide yo?
	Tente, vuélvete y pondera
	qué hicieras tú contra aquel
	que tal agravio te hiciera.
Roselia	Mi marido es éste, es él,
	y, este traidor no lo era.
Gitano	Perdióse mi pretensión;
	pero por otro camino
	vaya mi imaginación:
	matar a éste determino
	porque viva mi afición.
	Hombre ¿qué quieres aquí?
Leví	¿Qué quiero en mi casa yo,
	tal me preguntas a mí?
Gitano	¿Tu casa esta? Eso, no.
Leví	Mi casa esta, eso sí.

Roselia

Engañoso forastero,
deja a mi marido entrar;
que yo a mi marido espero.

Gitano

Antes le quiero matar.

Leví

¿Tú quieres? Pues yo no quiero.
   Aunque, pues, esa malvada
tanto favor te hacía,
en mí ensangrienta tu espada,
y entra en esa casa mía,
por mi ingrata enajenada.
   ¡Ah, Roselia! ¿Qué paciencia
sufrirá tal deshonor?
¿Cómo has hecho esta insolencia?
¿Éste era tu mucho amor?
¡No hay amor donde hay ausencia!

(Entra Moisés, de ronda.)

Moisés

   A ver a mis padres voy,
por no dar nota de día
de quién son o de quién soy.

Roselia

No ha sido la culpa mía,
esposo: inocente estoy.
   Ese traidor me engañó.

Moisés

Me engañó. ¿Y qué fue el engaño?

Roselia

Y en nombre tuyo llamó.

Gitano

Y tú, ahora, por más daño,
has de morir.

Moisés	Eso no.
Leví	¡Que en nombre mío llamabas para entrar, traidor gitano! ¿Qué querías? ¿Qué intentabas?
Gitano	Ver lo que quiero.
Moisés	¡Oh tirano, que tan gran traición pensabas! El ofendido es Leví: quiérole favorecer. Muera el ofensor aquí: ¿y quiéreste defender tú, cobarde, contra mí?
Gitano	¡Ay, que me han muerto!
Moisés	Moisés te mata por tus traiciones.
Leví	En obligación me pones de que te bese los pies.
Moisés	No, no, recógete presto; que éste es muerto, y quizá te pondrán la culpa de esto. Vete, que a mi cargo está, que en tu defensa me he puesto; yo le echaré donde el mundo no le hallará jamás.
Leví	Adiós, varón sin segundo.

(Vase Leví.)

Moisés   Vete, que seguro vas;
                          que en hacerte bien me fundo.
                             Ahora bien: loco amador
                          de Roselia, vamos presto,
                          y agradecedme el favor,
                          pues con medio tan honesto,
                          os he quitado el amor.
                             Vos, Babilonia agraviada,
                          mirad por vuestros gitanos,
                          que hoy dará, si a Dios le agrada,
                          otra caída en mis manos
                          la corona derribada.

(Lleva el muerto, y vase, y salen Datán y Avirón.)

Datán   ¿Viose tan gran insolencia?
                          Que se juzga Rey sospecho.

Avirón   El favor que el Rey le ha hecho
                          le ha dado tanta licencia.

Datán   No le contradiga en nada,
                          que él va, si lo vais notando,
                          poco a poco derribando
                          la corona derribada.
                             Por estos ojos le vi
                          cuando en el pozo le echó.

Avirón   ¿Vistes dónde le mató?

Datán   A su puerta de Leví.

Avirón   ¿Y por qué ocasión?

Datán   No sé,
                         porque cuando yo pasaba,
                         ya el gitano muerto estaba,
                         o casi al morir llegué.
                            Tomóle al hombro Moisés,
                         y yo siguiéndole fui
                         basta que arrojarle vi.
                         En el pozo.

Avirón   ¡Por Dios bien!
                            ¿Pues cómo, hijo del Nilo,
                         tanto atrevimiento cobras?
                         Fíese el Rey de tus obras,
                         que llevan galán estilo.
                            Con esta ocasión podemos
                         vengarnos a buena ley.

Datán   Halo de saber el Rey.

Avirón   Pues sea luego, ¿qué hacemos?

(Entra Moisés, solo.)

Moisés   Con gran confusión estoy,
                         que He visto al Rey, y me mira
                         con una enfadosa ira;
                         no hay fiar en él; que soy
                            al fin hijo de Israel,
                         y aunque me ha hecho amistad,
                         con mucha facilidad
                         hallaré la muerte en él;

Datán y Avirón me han visto;
¡oh, ingratos a vuestra ley!
Éstos, a quien oye el Rey,
me hacen con él malquisto.

Datán Espántome cómo sale
tan solo Su Majestad.

Avirón ¡Qué toldo!, ¡qué gravedad!

Datán No hay Rey que a la suya iguale;
hasta que morir le vea
no tengo de descansar.

Moisés ¿Cuándo ha Dios de castigar
estos lobos de Judea?
Decidme, leones bravos,
vestidos de pieles mansas,
envidiosos israelitas,
verdugos de vuestra casta;
descendientes de Leví,
¿descendientes digo?, manchas
que habéis caído en su sangre
con tantas obras honradas;
¿qué pensamientos son éstos,
qué obras o qué palabras,
que con el pueblo me venden
y con el Rey me desgracian?
¿Qué decís de mí, traidores?
¿Qué descuidos o qué faltas
habéis hallado en mi vida?
¡Si las sabéis, publicaldas!
A las orejas del Rey
mis amigos siempre os hallan,

y mis amigos me avisan
que me hacéis amistad falsa.
Como estáis en Babilonia,
sois Nembrodes que dais trazas,
y hacéis vosotros la torre
y en mí la confusión para;
pero si no os enmendáis
de tantas obras villanas,
como el grifo a Prometeo
os romperé las entrañas.
La tierra os trague, enemigos,
y cuando vais entre ramas,
el desdichado Absalón
os dé toda su desgracia.
Al pie de otro monte os vean
los ojos que más os aman,
subir, como otro Sisifo,
la piedra que sube y baja.
Como a Tántalo, os anegue
hasta los hombros el agua,
y si quisierdes bebella
no os pase de la garganta.
Su árbol lleno de fruta,
cuando la hambre os deshaga,
pues sois Tántalos, os niegue
el comer de sus manzanas.
Un viento os lleve a sus nubes,
de donde, hechos migajas,
vengáis, traidores, al suelo,
que de teneros se cansa.

Avirón   Modera, Moisés soberbio,
las maldicientes palabras,
o seas nieto del Rey,

o tengas sangre villana;
que el Nilo sabe quién eres,
y allanarás la arrogancia
que llevas, tan alta y necia,
si el Nilo te desengaña.
Tanta soberbia, Moisés,
tanto enojo y tanta saña,
¿quieres matarnos con ella
por no ensangrentar tus armas?
Pues ya las tienes sangrientas,
y por ventura manchadas
con la sangre del gitano
que anoche quitaste el alma.
Testigos hay del delito
y ya lo sabe la fama,
que a las orejas del Rey
le lleva, de ti agraviada.
No Pienses que han de valerte
tus balbucientes palabras;
que el que te hizo hasta ahora
haremos que te deshaga.

(Vanse, y queda Moisés suspenso.)

Moisés   Éstos el caso han sabido;
perdido soy; no he de ver
el rostro al Rey ofendido;
iréme, todo es caer
de la alteza a que he subido.
 No más Babilonia: afuera
de mi afición, Faraones;
que de la misma manera
que han muerto tantos varones
de Israel, queréis que muera;

la pompa quiero dejar,
aunque seguro la goce,
y adiós, me voy a buscar
doce tribus, si sois doce,
y os volveré a libertar;
    que una inspiración me dice
que he de ser de Faraón
fuerte vencedor felice,
y no fue sin ocasión
el homicidio que hice
    Ea, inspiración sagrada,
que vos me dais a entender
que por mi industria y mi espada
ha de volver a caer
la corona derribada.

(Entran Arán, Jezabel, Aarón y María.)

Arán   Espera, Moisés, verás,
pues te comunico llano,
a quien no has visto jamás;
éste es Aarón, y es tu hermano;
por hermano le tendrás.
    Ha estado ausente de aquí
y es mayor que tú tres años,
sino que a criar le di,
temeroso de mil daños
que han sucedido por ti;
    pero ahora le he traído
porque le tengo afición.

Moisés   Seas, hermano, bien venido;
en efecto, eres Aarón;
gusto haberte conocido;

(Abrázanse.)	y vos, hermana María, también me habéis de abrazar.
María	Solo por eso venía.
Moisés	María sois: algún mar os conocerá algún día.
María	Ya me conoce el Bermejo, en cuyas claras orillas me miro como en espejo.

Moisés	En él harán maravillas
	Dios, su acuerdo y su consejo;
	   pero ¿qué espíritu nuevo
	es el que ahora habla en mí?
	¿Dónde el pensamiento llevo?
	Misterios, bien sé que os vi,
	pero más silencio os debo.
	   Vos, hermano, perdonad,
	y toda vuestra jornada
	por extenso me contad.

Aarón	Diréla, pero abreviada.
Jezabel	Hijo, di con brevedad.
Aarón	Salí de Jerusalén, pasé a Egipto y entré en Siria de poco más de diez años; diez dije: aún no los tenía. Crecí, en opinión del mundo, en costumbres, fama y vida, ganando las voluntades

más ásperas y más tibias;
cuando tuve veinte años
volví en mí: diome codicia
de estudiar, mediante el cielo,
importantes disciplinas;
en poco tiempo la fama
hinchó su saca de minas,
de alabanzas de mi nombre
y no sé si bien debidas;
llamábanme el elocuente,
y las más nobles familias
en competencia me daban
con grandes dotes sus hijas;
aficionéme entre todas
a Isabel, hija legítima
del famoso Aminadab,
y aficionado escogíla;
tuve cuatro hijos della
que representan mi vida,
Nadab, Eliú, Eliazar
y Tamar, que dejo en Siria;
y sabiendo que mi padre
en Babilonia vivía,
con los tres hijos mayores
vine a hacer esta visita;
llegué a su casa esta noche,
donde me ha dado noticias
de tus dichosos sucesos,
si estar desterrado es dicha.

Moisés   Gusto que en esta ocasión
vengas, porque gusto es
que en ausencia de Moisés
quede con mi padre Aarón.

Aarón	¿Cómo ausencia? ¿Dónde vas?
Moisés	Hago un forzoso camino; que a nuevas obras me inclino que han de acreditarme más.
Jezabel	¿Y cómo dejarnos quieres, hijo, en tanta soledad?
Moisés	Es de mucha calidad mi viaje.
Arán	Donde fueres llevarás mi bendición, y tanto Dios te adelante, que solo tu nombre espante al soberbio Faraón.
(Híncase de rodillas.)	Mira que dejas cautivo tu pueblo; mira, Moisén, que queda Jerusalén anegada en llanto esquivo; no quiero decirte más; que, pues por ir desterrado tanta grandeza has dejado, llamado del cielo vas.
Jezabel	¿Es posible que sin ti he de vivir solo un día? Llévame en tu compañía, ¿quieres, hijo?
Moisés	Madre, sí; solo un paso no me muevo,

querida madre, sin vos.

Jezabel	¿Por qué no iremos los dos?

Moisés	En mi corazón os llevo.

Jezabel	¿Y cuándo piensas tornar?

Moisés	No sé, madre.

Jezabel
¡Ay, suerte triste,
que apenas me conociste
y ya me quieres dejar!

Moisés
Ya llevo la bendición
de mi padre: un vuestro abrazo,
madre, espero.

Jezabel
Despedazo
de lástima el corazón.

Moisés
Ea, adiós; Aarón, regala
a vuestros padres; adiós.

Jezabel
A este golpe, santo Dios,
ningún sufrimiento iguala.

Arán
A Dios ruego, prenda amada,
que sea con brevedad,
para nuestra libertad,
la corona derribada.

(Vanse, y salen en Madián Séfora, pastora, y Dantiso, pastor.)

Séfora	Que no, Dantiso: eso no:
	yo no sé querer, sin duda.
Dantiso	Naturaleza formó
	en ti la hermosura muda
	y no la perfeccionó
	no; porque su perfección
	es rendir el corazón,
	y tú tan libre le tienes,
	que fundas todos tus bienes
	en mi desesperación;
	a tu padre Yetro quiero
	pedirte para mujer,
	y alcanzarlo dél espero.
Séfora	¿Ya empiezas a enloquecer?
Dantiso	Quien ama es loco primero.
Séfora	Primero mi voluntad,
	Dantiso amigo, granjea.
Dantiso	Hallo gran dificultad.
Séfora	Pues no sé yo quién desea
	mujer de esa calidad;
	de puro ciego y perdido
	estás, amigo, engañado.
Dantiso	Solo en quererte lo he sido.
Séfora	No puede haber buen casado
	sin ser primero querido;
	yo soy de aquesta opinión.

Dantiso	Y yo por la misma paso
	y culpo tu sinrazón.
Séfora	La mujer casada acaso,
	¿acaso tiene afición?

(Entra Yetro, mayoral, padre de Séfora.)

Dantiso	Tu padre viene, cruel,
	y pues tan tirana eres,
	confío en el cielo fiel
	que lo que por mí no hicieres
	lo tienes de hacer por él.
Yetro	Séfora, es hora ya
	de que beba tu ganado;
	que es lo que esperando está.
Séfora	Padre, su vez no ha llegado.
Yetro	Pues paciencia, llegará.
	¿Qué hace Dantiso aquí?
Dantiso	Procuro servirla en algo
	por lo que te debo a ti.
Yetro	Por su fiador quedo y salgo.
Dantiso	Luego cobraré de ti.
Yetro	Tanta vuestra virtud es,
	que como a hijo os estimo.

Dantiso	Eso mostrarás después.
Séfora	Regálame como primo.
Dantiso	Es servirte mi interés.

(Entra Moisés como ganadero.)

Moisés	Según las nuevas me dan los pastores que he topado, esta tierra es Madián.
Yetro	¿Dónde bueno vais, soldado?
Moisés	Donde mis desdichas van.
Yetro	¿Tenéis algo, por ventura, en Madián que hacer?
Moisés	¡Oh, divina hermosura, ob, Sol, oh Luna, oh mujer, fuego hermoso y lumbre pura! Tanto en sus ojos me elevo; que no sé dónde me estoy.
Séfora	¡Qué bello y galán mancebo!
Moisés	¿Preguntáisme dónde voy?
Dantiso	Ponzoña de celos bebo; mucho al forastero mira.
Moisés	A Madián vengo a ver, que por no se qué mentira

un rey me quiso prender,
y vengo huyendo su ira.
　Que aunque era mucho el favor
que en su corte me hacía,
trocóse en odio el amor,
la amistad en tiranía,
porque intervino un traidor.
　Ya vengo determinado
a vivir más recogido;
que, en fin, es más acertado
vivir seguro perdido,
que temeroso ganado.
　Si recibirme queréis,
en vuestro servicio quedo.

Yetro　　　　　Buena presencia tenéis;
　　　　　　　pero...

Moisés　　　　　Que no tengáis miedo
　　　　　　　que en muchas faltas me halléis.

Yetro　　　　　¿De qué me podéis servir?

Moisés　　　　Cuanto quisierdes sé hacer.

Séfora　　　　Bien le podéis recibir.

Dantiso　　　　Hombres de buen parecer,
　　　　　　　diamantes suelen rendir.
　　　　　　　Ya mi enemiga desea
　　　　　　　que quede; un temor me abrasa,
　　　　　　　sin saber qué cosa sea,
　　　　　　　esa que dejé en tu casa
　　　　　　　porque te hable y te vea;

que ya parece le miras
con demasiada afición.

Séfora   Con tan buen decir me admiras.

Dantiso   ¿Luego no tengo razón?

Séfora   Sueles decir mil mentiras.

Dantiso   Pero ahora no mentí.

Yetro   ¿Sabréis guardar mi ganado?

Moisés   ¿Guardar ganado? Eso sí.

Yetro   ¿Habéislo otra vez guardado?

Moisés   No, pues no me guardé a mí;
                       pero a todo sé aplicarme,
y gustaré de probar,
siquiera por ensayarme,
a ver qué habré de guardar,
ya que no supe guardarme.

Séfora   En viéndole satisfice
mi alma: sin duda es
mi suerte por él felice.

Yetro   ¿Y cómo os llamáis?

Moisés   Moisés.

Séfora   ¡Con qué donaire lo dice!

Moisés	Moisés me llamo, y deseo acertar a daros gusto.
Yetro	En vuestra traza lo veo.
Séfora	Es galán, aunque robusto, y aunque es moreno, no es feo.
Moisés	Aunque no es muy delicada, es de buena proporción: blanca, rubia y colorada; ojos, buenos ojos son, no me descontenta nada. ¡Ay, Dios!, si ésta fuese honesta, como he hallado mujer... Ahora bien; amo, ¿qué resta?
Yetro	Solo que entréis a comer, que espera la mesa puesta.
Séfora	Vamos, Moisés, ¿comeréis?
Moisés	Vamos, hermosa pastora.
Séfora	Séfora me llamaréis.
Moisés	No bastará, mi señora.

(Van Séfora y su padre.)

Dantiso	Digo, galán...
Moisés	¿Qué queréis?

Dantiso	Paréceme, o me engañé,
	que Séfora os pareció
	no mal.

| Moisés | ¿Porque la miré? |

| Dantiso | Y ella también os miró. |

Moisés	¿Mirar, decís? Poco fue.
	¿Hay más de qué me advertir?
	Porque volveré en comiendo.

| Dantiso | Yo la pretendo servir. |

| Moisés | Y yo también la pretendo. |

| Dantiso | Mataréte. |

| Moisés | Pues morir. |

| Dantiso | Yo pretendo me casar |
| | con ella. |

| Moisés | Lo mismo intento. |

| Dantiso | ¡Qué lindo desesperar! |

| Moisés | Voyme, pues sabes mi intento. |

| Dantiso | Espera. |

| Moisés | No hay que esperar. |

(Vase Moisés.)

Dantiso	Abrasado en celos quedo;
	y tiene el hombre buen talle.
	Téngole notable miedo;
	que si ella comienza a amalle,
	sin mi pretensión me quedo.
	Mas lluevan desconfianzas,
	azares y desconsuelos,
	que el fuego de mis recelos
	quemará sus esperanzas.

(Vanse, con que da fin la segunda jornada. Habrá entremés o baile forzoso.)

Fin de la segunda jornada

Jornada tercera

(Sale Moisés, en hábito de labrador, con una vara en la mano.)

Moisés   Silvestres arboledas,
        amigas soledades de mi vida,
        donde de ufanas sedas
        jamás se vio profanidad vestida,
        porque solo se sabe
        cómo silba el pastor y canta el ave.
         Aguas murmuradoras,
        que de los altos riscos despeñadas
        entretenéis las horas
        sin sed oídas y sin sed gustadas;
        ya he mudado de estilo,
        que me ha cansado el vocear del Nilo.
         Ya me entretengo y canto,
        de aquella pompa en que me vi, olvidado,
        y pido al cielo santo
        que me conserve en este humilde estado,
        donde no me malsinan
        hombres que, de envidiosos, desatinan.
         Con Séfora, mi esposa,
        y dos hijuelos que me ha dado bellos,
        paso vida gustosa,
        de ella querido, entretenido de ellos;
        sin que del Rey me acuerde;
        que gana mucho quien privanzas pierde.

(Salen Jersán y Eliezer, niños, hijos de Moisés, con arcos.)

Jersán   Entre la libre arboleda
        la tímida liebre huyó.

Eliezer	Una flecha me costó,
	que atravesada me lleva.
Moisés	Estos mis hijuelos son,
	que a caza de pajarillos,
	cansándose en perseguillos,
	honran mi recreación.
	¡Ah, centellas de Moisén!
	Mostradme esas hebras de oro;
	como a vuestra madre adoro,
	creedme que os quiero bien.
	¿Qué habéis cazado? decid:
	¿qué os ha dado el arco fuerte?
	¿Habéis hecho alguna suerte?
Eliezer	Ninguna, sí hallarte a ti.
Jersán	¡Oh! Mi padre no me abraza.
Moisés	En verlos, de juicio salgo.
Eliezer	¿Tiene que comamos algo?
Moisés	Comamos de vuestra caza;
	sentaos aquí, comeréis;
	que en mi zurrón traigo qué.
(Siéntanse y comen.)	¿Y vuestra madre?
Eliezer	No sé.
Moisés	¡Cómo que no lo sabéis!
	¿No queda buena?
Jersán	Sí, padre:

traigo hambre, ya lo ves.

Moisés De muy buenos hijos es
no saber de vuestra madre.

Eliezer ¿Y él? ¿No come, padre?

Moisés Yo
en comer vosotros como.

Jersán ¿Tome un bocado!

Moisés Sí tomo.
¿Quién tal gusto mereció?
Estése el rey Faraón
con su dignidad real;
que este bien con aquel mal
no tiene comparación.
Hijos, enloquezco en veros,
y gusto de haber perdido
el nombre de hijo fingido
por teneros verdaderos.

Jersán Padre, pues que nos convidas,
danos a beber también.

Moisés ¡Qué presto ha de dar Moisén
agua de piedras heridas!
Hijos, pues ya habéis comido,
buscad agua que os sustente;
que no falta alguna fuente
que en veros se ha estremecido
Gustaréis del agua bella
si os costare algún cuidado,

	y diréis que habéis hallado
	en mí padre, y madre en ella.
	Y volvedme a ver, Jersán,
	y vos, Eliezer, aquí.
Eliezer	Vamos.
Moisés	¡Cuándo merecí
	El gusto que éstos me dan!
	Al pie de aquella alta peña
	hace una balsa en el suelo
	un cristalino arroyuelo
	que del risco se despeña:
	Allí, hijos, beberéis;
	torced un poco el camino;
	que a la sombra de este espino
	descansando me hallaréis.
(Vanse los niños.)	Mas ¡santo Dios, que se arde
	la zarza! ¿Qué traza es ésta?
	¡Mirad qué sombra me presta
	en que del calor me guarde!
	Mas, ¿qué alteza se presume
	da este milagro estupendo?
	¡Vive Dios, que se está ardiendo
	la zarza, y no se consume!
	¿Llegaré a ver la grandeza
	mayor que he visto jamás?
(Dentro.)	
Voz	Tente, Moisés, ¿dónde vas?
Moisés	Divina naturaleza,
	que tal lo debéis de ser,

llégome a ver, aunque os tema,
la zarza, que no se quema
y nunca deja de arder.

Voz   Tente: no llegues calzado.

Moisés   ¿Qué asombro es éste, Moisés?

Otra Voz   Descalza presto los pies;
                       que es este lugar sagrado.

Moisés   A vuestro advertir divino
                       y vuestro santo consejo,
                       los toscos zapatos dejo,
                       hechos de junco marino;
                       al vuestro gusto me inclino.

Voz   Ha llegado a mis orejas
                       la voz de la gente mía,
                       que desde Egipto me envía
                       tristes lástimas y quejas;
                           y muéveme a compasión
                       tanto, que por remediallos
                       determino de sacallos
                       del poder de Faraón;
                           y porque sin fuerza están,
                       para mejor proveellos
                       quiero que hagas entre ellos
                       oficio de capitán.

Moisés   Atemorízame oíllo
                       si vos no me dais favor;
                       pero ¿yo quién soy, Señor,
                       para ser yo su caudillo?

Voz	No dudes, leal amigo,
	que de ayudarte me encargo:
	acepta el oficio y cargo:
	ve, que yo seré contigo.
Moisés	Y si preguntan quién es,
	Señor, el que me envió,
	¿qué tengo de decir yo?
Voz	Yo soy el que soy, Moisés.
	Si pretendiese algún hombre
	saber la calidad mía,
	le responde: El que es me envía,
	que éste es mi perpetuo nombre.
	Los ancianos de Israel
	junta y hazles relación
	de esta Real comisión
	que te he dado en favor de él;
	diles que sacarlos quiero
	del cautiverio en que están.
Moisés	No sé si me creerán,
	pero vos sois verdadero.
Voz	Entra a Faraón con ellos,
	y di que a tu Dios agrada
	que hagáis una jornada,
	y tú por caudillo de ellos;
	y que ha de ser de tres días,
	porque en el monte codicio
	que me hagáis sacrificio.
Moisés	A un gran negocio me envías;

	pero no me han de creer
	aunque ser libres desean.
Voz	Llevarás con que te crean;
	deja esa vara caer.

(Deja caer la vara que lleva.)

| Moisés | No es vara, culebra es. |

(Vuélvese culebra.)

| Voz | Vuelve a tomarla. |

| Moisés | Ya es vara; |
| | ¿quién tal cosa imaginara? |

(Toma la vara.)

| Voz | Lleva esa seña, Moisés. |

| Moisés | Hoy el caudillo gitano |
| | quedará de temor lleno. |

| Voz | Mete la mano en el seno. |
| (Métela.)| Ahora sácala. |

(Sácala leprosa.)

| Moisés | ¿Qué mano |
| | es ésta leprosa y fea? |

| Voz | Vuélvela otra vez al pecho. |

Moisés	Leproso, Señor, me has hecho para que el pueblo me crea.
Voz	Vuélvela ahora a sacar.
Moisés	¡Oh, santo Dios, sana queda!
Voz	De esa suerte, ¿habrá quien pueda de tu comisión dudar? Si por la seña primera no te creyeren, Moisés, por la segunda...
Moisés	Está bien: bien va de aquesta manera.
Voz	Y si a la señal segunda no dieren crédito, mira que ejecutando mi ira hagas que Egipto se hunda y vean en sangre vuelta toda el agua en mar y ríos, a ver si castigos míos le obligan y el pueblo suelta.
Moisés	Solo de una cosa dudo.
Voz	¿Aún te queda que dudar?
Moisés	¿Cómo he de poder hablar al Rey, que soy tartamudo?
Voz	Tu hermano, el prudente Aarón, quiero que vaya contigo,

y tú tratarás conmigo,
y él hablará a Faraón;
  yo le daré aviso de esto
y al camino te saldrá.

Moisés   Basta. Señor: bien está:
                     a la jornada me apresto;
                       que pues tú al soberbio humillas,
                     ayudarme es cosa clara.

Voz   Lleva contigo la vara,
                     con que has de hacer maravillas.

(Cúbrese la zarza con música.)

Moisés   Caudillo del pueblo soy:
                     riquísimo de honra quedo:
                     en favor de Israel voy
                     desnudo de humano miedo,
                     pues divinas señas doy:
                       hoy, alta esperanza mía,
                     este suceso os abona:
                     pronóstico vi algún día;
                     que la arrojada corona
                     esto sin duda decía.
                       Vamos a mi comisión,
                     mis pensamientos leales,
                     y vuelva el pueblo a Sión,
                     que con plagas y señales
                     atropello a Faraón:
                       de mi suegro y de mi esposa
                     falta despedirme ahora.

(Sale Jersán niño, solo, alborotado.)

Jersán	Padre, si tan rigurosa
	lástima no siente y llora,
	ser piedra es cosa forzosa.
Moisés	¿Qué es esto, Jersán, qué ha sido,
	qué es de tu hermano Eliezer?
Jersán	Padre, Eliezer es perdido,
	ya no ha de volver a ver
	más a su hijo querido.
Moisés	¿Qué dices?
Jersán	Bebiendo estaba,
	en aquel claro arroyuelo,
	y cuando el agua gustaba
	bajó una nube del cielo
	que claras sus lumbres daba,
	y saliendo un mozo bello
	de la nube, le llevó
	sin poder yo defendello.
Moisés	¿Y no viste en qué paró?
Jersán	No, padre: no pude vello.
Moisés	Secretos deben de ser
	con que Dios probarme quiere,
	que es esto inmenso poder;
	si por mis delitos muere,
	muera yo, y viva Eliezer
	Mucho aguáis el regocijo,
	Dios de Isaac, Dios de Abraham;

antes el ser pobre elijo
si el nombre de capitán
tiene que costarme un hijo;
llama a tu madre y abuelo:
presto, Jersán, no te tardes:
vengan y sepan mi duelo,
que aguardo aquí.

Jersán   Como aguardes,
ellos vendrán, y yo vuelo.

(Vase.)

Moisés   ¿Qué es esto, inmenso Señor?
¿Cómo así os habéis conmigo?
Mas como soy pecador
queréis hacerme un castigo
grande, tras un gran favor;
si por mí habéis castigado
a mi inocente hijuelo
¿qué castigo le habéis dado?
Mostrádmele, ángel del cielo,
aunque sea degollado.

(Tocan la música, vese en un monte un Ángel con una espada desnuda, y
Eliezer de rodillas, y prosigue:)

Ya veo a mi hijo vivo,
aunque desnuda la espada,
y sujeto al golpe esquivo
por Su Majestad sagrada;
que yo este golpe recibo.
¿En qué ha pecado Eliezer,
que tal castigo le dan,

si es que la muerte ha de ver?
Yo quiero ser su Abraham,
porque él mi Isaac pueda ser;
   solo este favor codicio
que a vuestro siervo hagáis;
yo haré por vos sacrificio
para que el ángel seáis
que detuvo el sacrificio;
   si sois serafín de amor,
este renombre os convida
a mostrar menos rigor,
y en vez de ángel homicida
seréis ángel defensor.

Ángel   Hame movido tu llanto,
gran caudillo de Israel;
y si la espada levanto
viva tu hijo, aunque de él
Dios está ofendido tanto;
   degollarle Dios mandaba
por no estar circuncidado,
y ya el cuchillo bajaba;
mas por tu llanto obligado,
ya vive a quien ya mataba.
   Al punto le circuncida;
que en habiendo dilación
vendré a quitarle la vida;
que es ley la circuncisión,
y ha de ser cual ley cumplida.
   Baja, Eliezer, y a Moisén
tu padre, alegre recibe,
pues has negociado bien.
Justo Moisés, por ti vive:
la circuncisión le den.

(Cúbrese el Ángel y baja Eliezer.)

Eliezer

¡Oh, padre, qué sobresalto
en el monte he padecido!
Decidme de qué estoy falto:
¿por qué falta he merecido
subir a monte tan alto?

Moisés

Séfora, lástimas tuyas
han sido en esta ocasión:
tú ofendiste, no me arguyas,
pues usas de compasión
con que a tus hijos destruyas,
¡cuántas veces te pedí
que a Eliezer circuncidasen!
Pero aunque más voces di,
no hubo voces que bastasen
¡oh Séfora! contra ti.
El amor que le tenías,
a resistirte obligaba,
pensando que te ofendías
su sangre si la vertías,
en que tus manos manchaba.
Pues ¡vive Dios! que has de ser
tú hoy quien le circuncide;
vierte la sangre, Eliezer;
que es ley de Dios quien lo pide,
y lo que es ley se ha de hacer.

(Entran Séfora, Yetro y Jersán.)

Séfora

¡Qué mi hijo es muerto, oh cielo!
Llévenme a verle mis pies.

Jersán	Yo le vi morir, abuelo.
Séfora	¿Qué es de mi hijo ¡oh Moisés! espejo en quien me consuelo?
Yetro	No es éste mi nieto. Di, Jersán, ¿para qué has mentido?
Jersán	Digo que llevarle vi.
Séfora	¿Eres tú, hijo querido?
Eliezer	Madre, vivo estoy aquí.
Séfora	Pues ¿qué me has dicho, ¡oh rapaz!?
Moisés	Séfora, la verdad dijo, porque el ser vos pertinaz tuvo a punto a vuestro hijo de ser de vida incapaz.

Por no estar circuncidado,
un ángel le degollaba,
de Dios a hacerlo enviado,
si su padre no lloraba
su muerte y vuestro pecado.
    Siempre me habéis resistido,
y vuestro frívolo amor
tal lástima le ha tenido,
que doliéndoos su dolor,
casi su muerte habéis sido.
    Vos pecasteis, y los dos
venimos a padecer;
lo pagaréis, ¡vive Dios!

Tomad, Séfora, a Eliezer
y circuncidalde vos.
 No hay que replicar: tomalde
y a ese monte le subí.

Séfora   ¿Hay más fiereza?

Moisés   Llevalde.

Séfora   ¿Yo misma?

Moisés   Vos misma, sí;
Séfora, circuncidalde.

Séfora   No me trates de esa suerte.

Eliezer   Hágalo mi abuelo, padre.

Moisés   ¡Vive Dios que no he de verte,
por descuido de tu madre,
en otro trance de muerte!

Séfora   Verdugo quieres que sea
de un hijo.

Moisés   El cielo lo quiso
y él mismo en esto os emplea:
vierta un hijo incircunciso
sangre que su madre vea.

Séfora   Llevaréle, aunque a pesar
de mi mismo sentimiento.

Yetro   Vámosle a circuncidar.

Séfora	¡Oh, cómo siento el tormento, hijo, que habéis de pasar!
Moisés	Tomad, veis aquí un puñal con que le circuncidéis.
Séfora	¿Eres hombre racional?
Moisés	Séfora, ¿no obedecéis?
Séfora	Voy, mi bien, a haceros mal.
Moisés	Vos, pues otro no se halla, sed padrino de Eliezer.
Yetro	Yetro te obedece y calla.
Moisés	Esta será menester. Llevad, hijo, esta toalla: a cada uno os he dado su oficio: ejecutad luego.
Séfora	Haráse cuanto has mandado.
Moisés	Incircunciso le entrego: dádmele circuncidado.
Yetro	Dame ese puñal y espera: yo seré cruel por ti.
Séfora	No ha de ser de esa manera; Moisés me lo manda a mí, yo lo he de hacer aunque muera.

Moisés, mi esposo querido,
que mi sentimiento tierno
dé en mi alma un estampido;
piérdase el amor materno
y obedézcase al marido.

Jersán   Madre, a mi hermano consuele:
mire que va sin solaz;
dígale que no recele,
que yo también, más rapaz,
me circuncidé, y no duele.

(Tocan flautas. Vanse, llevando Yetro a Eliezer de la mano; Séfora el puñal desnudo, Jersán la toalla.)

Moisés   De esta manera, Señor,
mi obligación ejecuto,
y excuso vuestro rigor;
que se os debe este tributo
como a tal legislador.
   La ceremonia acabada,
para librar a Israel
encomienzo mi jornada,
que como ministro fiel,
solo serviros me agrada.
   Venido mi hermano Aarón,
mi camino se endereza
al pueblo de Faraón;
que amoneste mi rudeza
su famosa erudición.

(Entra Aarón solo.)

Aarón   ¿Con qué ocasión, Señor, me habéis traído

a este desierto que conozco apenas?
En Babilonia estaba entretenido
oyendo quejas y llorando penas.
¡Qué mudanza tan breve aquesta ha sido
que, según dicen, piso las arenas
de Madián la fértil y abundosa,
un tiempo amable a Dios y ahora odiosa!

Moisés   ¡Cómo se ve que interviene
Dios en librar a Sión!
Vengas, elocuente Aarón,
en paz, pues en ti Dios viene.
   Tu hermano soy, no te alteres
de verme como me ves.

Aarón   ¿Eres Moisés?

Moisés   Soy Moisés.

Aarón   Si tú me traes, ¿qué me quieres?
   Desde Babilonia aquí
casi a vuelo he caminado.

Moisés   Y dime Aarón, ¿en qué estado
queda el pueblo?

Aarón   Escucha.

Moisés   Di.

Aarón   De la cruel Babilonia,
adonde ladrillos hacen
los israelitas cautivos,
oye, Moisés, las crueldades.

Oirás de los viejos tristes
mil lástimas, que en los aires,
pidiendo al cielo venganza,
causan lástima a las aves.
Verás llenos de suspiros
los bárbaros homenajes
que de tantos pechos fieles
atropellándose salen.
Verás abundosos ríos
de lágrimas de cobardes,
que por no morir con honra
riegan las gitanas calles.
La nobleza de Israel
infames ladrillos hace,
con que levantan los muros
donde se despeña y cae.
La clausura en las doncellas
no la busques ni la aguardes;
que por servir a sus dueños
lavan paños y agua traen.
Aquellos héroes famosos
de real estirpe y sangre,
en Babilonia edifican
sus pirámides de jaspe.
De sed revientan los hijos,
los padres mueren de hambre,
mezclándose, tristemente,
voces de hijos y padres.
No hay en Israel matrona
que borde, matice o labre,
porque infames las emplean
en edificios infames.
Si por tus padres preguntas,
ya murieron nuestros padres

con la mayor sinrazón
que pudiera imaginarse;
que mandó el Rey enemigo,
porque al gitano mataste,
que los afligidos viejos
tu culpa, sin culpa, paguen.
Mil lástimas te dijera,
pero por no lastimarte,
a otra ocasión las remito;
quiera Dios que antes acaben.

Moisés   ¡Oh, bárbara Babilonia,
en cuyos sepulcros yacen
los más famosos varones
que hace el mundo memorables!
Hoy me parto; allá me espera;
tus puertas bárbaras abre;
que pienso sacar por ellas
mis israelitas triunfantes.
Desbarataré tus muros,
tus molduras y filabres,
y las aguas de tus ríos
haré convertir en sangre.
Comisión llevo del Cielo,
Aarón; caudillo me hace
Dios de su pueblo querido,
para que libre le saque,
y para que tú me ayudes
con tu elegancia, te trae;
que de mí quiere bravezas,
y de ti solo que hables.
Esta prodigiosa vara
llevo para hacer señales;
que para espantar mil reinos

las menores de ellas baste.
Vamos, Aarón elocuente;
venguemos a nuestros padres;
que hoy verás salir de Egipto
los que en él adobes hacen.

Aarón

Lleno estoy de admiración;
cuanto me has dicho me asombra.

Moisés

¿De qué te espantas, Aarón?
¡Vive Dios, que Dios me nombra
por rayo de Faraón!
   No tienes de qué dudar,
porque yo llevo poder
de hacer la tierra temblar;
llévole de oscurecer,
y llévole de alumbrar.
   Verás, Babilonia airada,
cuánto extiendo mi poder;
que a puros golpes de espada
ha de volver a caer
la corona derribada.
   No me pienso detener;
que el caso brevedad pide.

Aarón

Pues vamos. ¿Qué hay que hacer?

Moisés

Cuando un hijo circuncide,
Séfora, que es mi mujer.

(Tocan música. Sale Jersán con toalla, y Eliezer con una tunicela blanca, Séfora
con el puñal, y Yetro.)

Séfora

Ya por mi mano airada

queda la sangre de Eliezer vertida;
vesme aquí ensangrentada
con el golpe cruel que di en mi vida.
a quien te restituyo
circuncidado, como hijo tuyo.
   Fuiste esposo de sangre
para mí, pues con ella me ensangrientas,
¿quieres que me desangre
a mí misma, Moisés? Si te contentas
con ver sangre vertida,
tu voluntad se cumplirá en mi vida.

Moisés   Ahora, hijo adorado,
os conozco por tal: dadme los brazos;
que nunca os habré dado
abrazos tan del alma.

Eliezer   Tus abrazos
procuraré, si de ellos me despides,
aunque segunda vez me circuncides.

Moisés   Mi esposa, Aarón, es ésta,
éstos mis hijos, y este viejo anciano
es quien honor me presta;
padre, dadle los brazos, que es mi hermano.

Yetro   Seáis muy bien venido.

Aarón   Mucho huelgo de haberos conocido.
   Y habéis de perdonar,
que sin saber que os le hacía
he de haceros un pesar:
Moisés va en mi compañía,
porque le vengo a llamar.

Moisés	Hacemos una jornada hasta Egipto, de importancia.
Séfora	¿No estoy bien atormentada?
Moisés	Voy a hacer una ganancia mucho de mí deseada; dadme los brazos y adiós.
Yetro	Hijo, qué, ¿os vais en efeto?
Moisés	Y siento el irme por vos.
Séfora	¿No más de por su respeto?
Moisés	¡Oh, mal dije! Por los dos.
Séfora	Y qué, ¿te vas sin decirme cuándo la vuelta has de dar?
Moisés	Séfora, dirélo al irme.
Séfora	Bien sabes atormentar.
Moisés	Y tú bien sabes ser firme; vamos, hermano.
Séfora	Venid, hijos, pues que vuestro padre quiere dejaros ansí.
Eliezer	Llorando deja a mi madre; padre, ¿vendrá presto?

Moisés   Sí.

(Vanse. Sale Leví solo, preso.)

Leví   Si no hay honra en tantos nobles,
                     dobla, cruel Faraón,
                     la cruel persecución,
                     si es posible que la dobles.
                        Como que no hay un caudillo
                     que contra ti se levante,
                     no hay cosa que así me espante,
                     avergüénzome en oíllo.
                        ¿Por qué me dejas morir
                     de hambre, cruel gitano?
                     Pero en poder de un tirano,
                     ¿para qué quiero vivir?
                        Tres días debe de hacer
                     que en esta prisión estoy,
                     y otros tantos ha con hoy
                     que no me dan de comer.
                        Que el Rey, porque su corona
                     esté con seguridad,
                     no hay hebreo en la ciudad
                     robusto a quien no aprisiona.
                        Muriendo estoy: ya no puedo
                     sufrir tan fiero rigor.

(Entra Roselia, mujer de Leví.)

Roselia   Donde hay verdadero amor,
                     ¿cómo puede caber miedo?
                        Entraré, a pesar del Rey,
                     a ver a mi esposo amado.

Leví	¡Ay, Roselia, que has entrado a verme contra una ley! ¿No sabes que el Rey ordena que no me visites?
Roselia	Sí; pero vivir yo sin ti es para mí mayor pena. Cuando me mande matar el Rey porque te visito, morir por ese delito es acabarme de honrar.
Leví	Tendré más que agradecerte.
Roselia	Poco la honra procura mujer que no se aventura por su marido a la muerte.
Leví	Roselia, de hambre muero: grandes tormentos me dan: por un pedazo de pan diera cuanto bien espero.
Roselia	Pues no morirás, amigo; que yo traigo pan aquí.
Leví	¿Y para quién?
Roselia	Para ti.
Leví	Mi vida viene contigo.

Roselia	A una mujer lo hurté que para sí lo tenía.
Leví	¡Oh, dulce esperanza mía! ¿Cuándo tal bien pagaré?
Roselia	Y no quiero que recibas de mi hurto descontento, pues en hurtar no te afrento. Que hurto para que vivas. Toma.

Leví	¡Tanto bien me dan!
	¡Oh vivo honor de mujeres!
	Desde hoy te llamarán,
	no Roselia, sino Ceres,
	pues eres la que da el pan.
	    Fuiste de mis alegrías
	el fundamental cimiento,
	pero ya, pues ya me crías
	dándome en pan mi sustento,
	serás el cuervo de Elías.
	    He sentido abrir la puerta:
	no sé en qué se ha de parar.

Roselia	Entre el Rey, entre y advierta que soy tan sola en amar, que aun he de seguirte muerta.

(Entran el Rey y Datán.)

Faraón	Quien quebranta la prisión, pase por la misma pena.

Roselia	Preso está mi corazón,
	que no hay más fuerte cadena,
	rey, que la de mi afición.
	Pero presa quedaré,
	pues fui quien contra tu ley
	las prisiones quebranté,
	que tú, en efeto, eres Rey,
	y yo esclava de mi fe.
Faraón	Poned esta loca hebrea
	donde padecer mis males
	su mismo esposo la vea.
Roselia	Haznos en penas iguales;
	que harto pena quien desea.
Faraón	Entre esas redes esté
	y de sed y hambre muera.
Leví	Yo por ella moriré.
Faraón	Llevalda.

(Llévasela Datán.)

Leví	Datán, espera.
	¡Todo mi bien se me fue!
	¿Qué es esto, infiel Avirón?
	¿Qué razón hay que permita
	que prendan mi corazón
	y sea un hombre israelita
	ministro de la prisión?
	¿De qué manera volvéis
	por vuestra sangre, insolentes?

111

Poca lealtad tenéis,
pues vuestros mismos parientes
por un vil privar vendéis.

Faraón   De muy poco os espantáis,
pues no ha de parar mi ira
hasta que todos muráis.

(Entra Abiud, viejo cautivo.)

Abiud   Los gritos del pueblo mira.

Faraón   ¡Perros, en vano los dais!
Que hoy por la raíz arranco
la vil cepa de Israel.

Abiud   Si este mi cabello blanco
te mueve como tan fiel,
procede como tan franco.
¿Por qué nos mandas matar
de hambre, no trabajamos?
¿No nos has de sustentar?

Faraón   De propósito os matamos;
no hay más: morir y callar.

(Entra Zabulón, viejo cautivo, y Datán.)

Zabulón   Rey, pues siempre el pueblo hebreo
te sirvió, ¡mira que muere!

Faraón   ¡Viejos vanos, ya lo veo!
¡Mi gusto acabaros quiere!

(Vase Datán.)

Abiud

Por no te ver lo deseo;
  pero si tanto rigor
usas y así te embraveces,
a ese nuestro vencedor,
¿para qué le favoreces?
Dirás que porque es traidor:
  ¡Muera con nosotros, muera,
pues es de nuestra nación!

Faraón

No ha de ser de esa manera.

Zabulón

¡Mueras, ingrato Avirón,
por aquel que más te quiera!

(Sale Datán.)

Datán

  En fuertes prisiones queda,
Rey, la esposa de Leví.

Leví

Lo mismo, infiel, te suceda,
y sucediéndote así,
nadie remediarte pueda.
  Quiera Dios, verdugo infante
de la sangre de Israel,
que un tigre te la derrame,
y habiendo nacido de él,
nadie su hijo te llame.

(Dicen dentro:)

¡Libertad, libertad!

(Entra un capitán gitano.)

Capitán	¿Qué haces con tanta flema, Rey, que no hay hebreo ya que tus justas leyes tema? Junto todo el pueblo está por fuego, y a todos quema. Que viéndose maltratados esos traidores hebreos, vienen, bien o mal armados, brotando vanos deseos, hasta aquí en miedo enterrados. Fáciles son de vencer, aunque en gran número están; toque Egipto a acometer; que no tienen capitán ni nadie lo quiere ser. Aunque es tanta tu grandeza, pienso que hubiera allegado a lo sumo su braveza, si aquel pueblo, alborotado, no estuviera sin cabeza. No aguardes a que se elija; que son hombres de opinión.
Faraón	Falta un traidor cine los rija.
Datán	¿Cómo, si todos lo son?
Faraón	No hay poder que los corrija; pero llevarlos por bien es mayor sagacidad.
Datán	¡Que en tal propósito estén!
(Dentro:)	

114

Israelitas	¡Libertad, libertad!
	y ¡viva Jerusalén!
Faraón	Vosotros, viejos infames,
	habéis de pagar por ellos.
Abiud	Primero que tal me llames,
	sufriré que en mis cabellos
	blancos mi sangre derrames.
Datán	Trátalos bien, y verás
	cómo sujetos los tienes.
Faraón	Sosegaldos, no haya más;
	yo les franqueo sus bienes.
Abiud	¿Haráslo así?
Faraón	Verlo has;
	y más: haré que el gitano
	que ofendiere algún hebreo
	le mataré por mi mano.
Abiud	Por decirlo un Rey, lo creo;
	pues yo voy y los allano.
Faraón	Libres a todos os dejo;
	sosegad al pueblo infiel.
Zabulón	Para morir me aparejo.
Abiud	Ea, hijos de Israel:
	la libertad aconsejo.

(Éntranse los viejos.)

(Dicen dentro:)   ¡Libertad, libertad!

Leví   Pues presa a mi esposa tienes,
                         mandámela, Rey, soltar,
                         pues a honrarnos te previenes.

Faraón   Ésa no te puedo dar,
                         que la dejo por rehenes.

Leví   Mándala quitar los hierros.

Faraón   Cuando tanto la regale
                         verás llanos esos cerros.

Datán   ¡Ah de la guardia; el Rey sale:
                         haced plaza entre esos perros!.

(Dicen dentro:)   ¡Plaza, plaza!

(, y vanse el Rey y los demás y queda Leví.)

Leví   No tiene talle este aleve
                         de dejar de ser quien es;
                         ea, hebreos, Dios os mueve;
                         haced por vuestro interés
                         cada uno lo que debe.
                             Y si por faltar cabeza
                         que os gobierne enflaquecéis,
                         vaya aparte la flaqueza;
                         que algún valiente hallaréis
                         adonde hay tanta nobleza.

Yo estoy en esta prisión;
que bien sabe el Rey cruel
que es fuerte mi corazón;
libres sois: ¡viva Israel,
y muera el rey Faraón!

(Vase Leví, y salen Aarón y Moisés.)

Moisés   Segunda vez, Babilonia,
vuelvo a visitar tus calles;
segunda vez de tus muros
he visto los homenajes;
pero vengo con intento
no de verte ni de honrarte,
sino de vengar injurias
que injustamente te hacen.
Comisión traigo del cielo,
y Aarón mi hermano la trae,
para hacer en Egipto
mil prodigios y señales.
Ya me acuerdo cuando un tiempo
entré en un carro triunfante
por la famosa victoria
que en Sabá alcanzó mi alfanje.
Y ahora vengo, cual debo,
a honrar los de mi linaje,
que en infame servidumbre
entre mil prisiones yacen.
Hijos de Israel, dejad
a esos gitanos infames;
vuestro caudillo Moisés
os llama: salid y habladle.

Aarón   A los viejos israelitas

mandé avisar que te aguarden
en este puesto, y se tardan.

Moisés   No tardan, pues que ya salen.

(Salen Abiud y Zabulón. Viejos cautivos.)

Abiud   ¡Oh valeroso israelita!
                Si para que te señales
                en nuestra defensa vienes,
                Israel toda te alabe.
                ¿Qué comisión es la tuya?
                Ya...
                Que aunque te faltan las canas,
                es bien que entre canas mandes.

Zabulón   Aquí nos maltrata el Rey
                con castigos miserables:
                si puedes sacarnos libres,
                ya esperamos que nos saques.

Abiud   Muestra famoso Moisés,
                en nuestro favor tus partes;
                que de tanta gentileza
                cualquier bien puede esperarse.

Moisés   Mi comisión, nobles viejos,
                es que os libre desta cárcel,
                adonde el rey Faraón
                tantos agravios os hace:
                testigo es aquesta vara,
                y el secreto que en sí trae,
                de la comisión que traigo,
                pues se ardía, sin quemarse.

Vengo por vuestro caudillo
con privilegios bastantes
para que deshaga Egipto
si Egipto me lo estorbare;
¿queréisme por capitán?

Aarón

¿Quién mas que mi hermano vale?
Amigos, ¡viva Moisés
para vuestras libertades!

Abiud

¡Viva Moisés, israelitas!
Hacedle el digno homenaje
que antiguamente Israel
ha hecho a sus capitanes.
... os pies vencedores.

Moisés

Nadie vencedor me llame
hasta que del mar Bermejo
sanos y libres os saque.
Y saldréis de Babilonia,
a do vivís miserables,
que de Madián, la fértil;
Dios a este efeto me trae.

(Éntrense todos apellidando libertad. Dase la batalla dentro con muy gran ruido de cajas y armas, lo mejor que ser pudiere, y luego salgan todos los más cautivos que pudieren, hombres y mujeres y los vicios, y dice Zabulón:)

Zabulón

¡Viva el famoso Moisén,
por quien todos deseamos
la nueva Jerusalén!

Abiud

¡Él viva y todos vivamos!

Aarón	Gracias al cielo se den.
Abiud	¡Viva, gran Moisés, tu espada para nuestra redención!
Aarón	Con esto queda acabada la milagrosa elección y corona derribada.

Finis Coronat Opus

Libros a la carta

A la carta es un servicio especializado para

empresas,

librerías,

bibliotecas,

editoriales

y centros de enseñanza;

y permite confeccionar libros que, por su formato y concepción, sirven a los propósitos más específicos de estas instituciones.

Las empresas nos encargan ediciones personalizadas para marketing editorial o para regalos institucionales. Y los interesados solicitan, a título personal, ediciones antiguas, o no disponibles en el mercado; y las acompañan con notas y comentarios críticos.

Las ediciones tienen como apoyo un libro de estilo con todo tipo de referencias sobre los criterios de tratamiento tipográfico aplicados a nuestros libros que puede ser consultado en Linkgua-ediciones.com.

Linkgua edita por encargo diferentes versiones de una misma obra con distintos tratamientos ortotipográficos (actualizaciones de carácter divulgativo de un clásico, o versiones estrictamente fieles a la edición original de referencia). Este servicio de ediciones a la carta le permitirá, si usted se dedica a la enseñanza, tener una forma de hacer pública su interpretación de un texto y, sobre una versión digitalizada «base», usted podrá introducir interpretaciones del texto fuente. Es un tópico que los profesores denuncien en clase los desmanes de una edición, o vayan comentando errores de interpretación de un texto y esta es una solución útil a esa necesidad del mundo académico.

Asimismo publicamos de manera sistemática, en un mismo catálogo, tesis doctorales y actas de congresos académicos, que son distribuidas a través de nuestra Web.

El servicio de «libros a la carta» funciona de dos formas.

1. Tenemos un fondo de libros digitalizados que usted puede personalizar en tiradas de al menos cinco ejemplares. Estas personalizaciones pueden ser de todo tipo: añadir notas de clase para uso de un grupo de estudiantes, introducir logos corporativos para uso con fines de marketing empresarial, etc. etc.

2. Buscamos libros descatalogados de otras editoriales y los reeditamos en tiradas cortas a petición de un cliente.